给孩子的国学启蒙书

钱文忠
讲《百家姓》 ①

钱文忠/主讲

长江出版传媒 | 长江文艺出版社

图书在版编目（CIP）数据

钱文忠讲《百家姓》.1 / 钱文忠主讲. -- 武汉 ：
长江文艺出版社， 2018.3
　　（给孩子的国学启蒙书）
　　ISBN 978-7-5354-9865-6

　　Ⅰ. ①钱… Ⅱ. ①钱… Ⅲ. ①古汉语－启蒙读物
Ⅳ. ①H194.1

中国版本图书馆 CIP 数据核字(2017)第 192219 号

责任编辑：杨　岚　　　　　　　　　责任校对：陈　琪
设计制作：格林图书　　　　　　　　责任印制：邱　莉　　胡丽平

出版：长江出版传媒　　长江文艺出版社
地址：武汉市雄楚大街 268 号　　　　邮编：430070
发行：长江文艺出版社
电话：027—87679360
http://www.cjlap.com
印刷：湖北新华印务有限公司

开本：889 毫米×1194 毫米　　1/24　　印张：8.5　　插页：1 页
版次：2018 年 3 月第 1 版　　　2018 年 3 月第 1 次印刷
字数：82 千字

定价：29.00 元

出版说明

诵读国学经典,是每个中华儿女的必修课,培养良好的国学素养,才能腹有诗书气自华。

《给孩子的国学启蒙书》是著名学者钱文忠专为5—7岁小朋友打造的一套注音读物。全套书共四册,作者用深入浅出、生动有趣的语言为小读者们分别讲解了传统蒙学读物《三字经》《弟子规》和《百家姓》(1、2)。钱老师结合自己多年的研究,在给小读者讲述国学故事的同时,融入了自己独有的观点和思考。何为孝?何为信?规与矩又是什么?流传了几千年的老传统如何被现代人接受?

钱文忠老师的讲述不刻板,而是用循循善诱的方式,让小读者们从这些国学经典中获得不一样的启发,从而师从先贤圣哲,学习为人处世,用古老的智慧去面对与解决成长中的困惑与难题。

总之,这套书能让小读者们在阅读国学故事的同时,受到传统经典的滋养和熏陶,加深对传统文化的了解,获得成长路上的无限动力。

目录

第一讲　赵钱孙李

姓氏来源

赵姓

作为《百家姓》里的第一个姓氏，赵姓虽然不是最大的，却也是个超级大姓。

赵姓的第一个来源是嬴姓。西周时有一个叫造父的人，为周穆王赶马车，驾驶技术非常了得，因此被封在赵城，他的子孙后代便以赵为姓。第二源于少数民族，汉代有个人叫赵安稽，是匈奴人；唐朝时有个人叫赵曳天，是南蛮人，等等。第三源于赐姓，赵宋王朝时，皇帝赐了不少人为赵姓。

"一意孤行"的好官

汉武帝时期，有个叫赵禹的官员，他有一个好朋友，名叫张汤。两个人都是很有权力的官员，但做事的风格却大不相同。张汤为人圆滑，一些违反原则的事情，只要别人托关系送礼求他，通常他都会顺水推舟地给办了。可是，赵禹坚持原则，即便是公卿王侯之类的大官求情，他也会毫不犹豫地拒绝。久而久之，赵禹廉洁守法的美名传了开来，大家都称赞他是坚持原则、"一意孤行"的好官。

从这里我们也可以看出，"一意孤行"这个词最初是个褒义词，用来夸奖一个人坚持原则不妥协。但是，现在"一意孤行"却成了贬义词，形容某个人固持己见，听不进去不同意见。

钱 姓

钱姓的起源相对比较单纯。据说五帝之一颛顼有个曾孙叫陆终，太太怀孕三年后剖腹产下六子，老三就是著名的寿星彭祖，传说活了800岁。彭祖有个后代叫彭孚，西周时担任财政官员，他的后人便以钱为姓。由此可见，钱姓源于彭姓。此外，一些少数民族中也有钱姓。比如台湾的高山族中有一支姓钱，是因为效忠朝廷，被乾隆皇

dì cì xìng wéi qián
帝赐姓为钱。

qián xìng gù shi
钱姓故事

lián zhòng liù yuán de qián qǐ
连中六元的钱棨

qīng cháo de shí hou　sū zhōu yǒu yí gè jiào qián qǐ de rén　cōng míng yì
清朝的时候，苏州有一个叫钱棨的人，聪明异

cháng　qín fèn hào xué　cóng xiǎo jiù yǒu shén tóng de měi yù　tā de yé ye
常，勤奋好学，从小就有神童的美誉。他的爷爷、

bà ba hǎo jǐ dài rén dōu shì hěn yǒu xué wen de rén　jiā tíng huán jìng yě hěn
爸爸好几代人都是很有学问的人，家庭环境也很

hǎo　zhǎng dà yǐ hòu　qián qǐ dì yī cì cān jiā kē jǔ kǎo shì jiù qǔ dé le
好。长大以后，钱棨第一次参加科举考试就取得了

hǎo chéng jì　gāo zhòng xiù cai　bìng qiě shì xiàn shì　fǔ shì　yuàn shì dōu kǎo
好成绩，高中秀才，并且是县试、府试、院试都考

le dì yī míng de　xiǎo sān yuán　hòu lái tā yòu yǐ xiāng shì dì yī míng
了第一名的"小三元"。后来他又以乡试第一名

zhòng le jiè yuán　jí dì yī míng de jǔ rén　liǎng nián hòu　qián qǐ qián wǎng
中了解元，即第一名的举人。两年后，钱棨前往

jīng chéng cān jiā huì shì　yòu zhòng le huì yuán　tóng nián cān jiā diàn shì　yòu
京城参加会试，又中了会元，同年参加殿试，又

高中状元。自此，连中六元的钱棨，被称为清朝科举考试第一人。乾隆皇帝大为高兴，认为这是太平榮盛世的瑞兆，让他负责教授皇子的学业。

钱棨不仅才华出众，为人也很正直。由于拒绝跟大贪官和珅同流合污，他遭到和珅的迫害，后来和珅倒台，钱棨官复原职。

孙姓

孙姓的来源比较复杂，第一出自子姓。商朝著名的忠臣比干，被商纣王害死后，他的子孙为了避祸，在"子"的右边加了个"小"，改子姓为孙姓。第二出自姬姓，是周文王姬昌的后代。第三出自妫姓。陈国国君姓妫，陈厉公的儿子陈完后来逃到齐国，其后代被齐景公封在乐安，赐孙姓。第四出自芈姓。春秋时楚国的大官孙叔敖，本姓芈，名敖，字孙叔，子孙中就有以"孙"为姓的。第五来源于中国著名思想家荀子之后。西汉时，宣帝名叫刘询，宣帝下诏书命令荀姓改为孙姓。第六来自复姓夏侯。汉朝开国功臣夏侯婴的后代中就有人改姓孙的。

孙中山 原来是河南人

孙姓里人才辈出，近代最负盛名的孙中山先生是广东香山人，可是追本溯源，却是河南人，是不是很奇怪？

唐朝末年，黄巢起义爆发，河南陈留有个叫孙俐的将军，率兵在闽、粤、江右一带作战，后受封东平侯，定居在今天江西宁都一带。他的后代后来迁到了福建、广东。在康熙年间，有一支迁

到了广东香山，这就是孙中山先生的祖上。

所以，孙中山先生虽然出生在广东香山翠亨村，他的祖籍却可以上溯到河南陈留。

李姓

李姓的第一来源出自皋陶。皋陶是虞舜时的理官，相当于今天的司法官，他的后代一直世袭这一职务，所以便以"理"为姓。皋陶的后人理征因执法如山惹恼了纣王，招来杀身之祸，理征的妻子契和氏携幼子理利贞出逃，逃难途中在一棵李子树下靠食李子得以存活，为了表达对李子树的感恩之情，便改成了"李"姓。

第二个说法是来自于老子李耳，根据《姓氏考略》，周以前没有李姓，老子李耳是李姓最早见于史籍的姓名，老子也可能是理利贞的后代。

此外，还有赐姓。比如唐朝时，李成了国姓，很多有功之人或受皇帝重视的人被赐李姓；三国时诸葛亮平定南方蛮族叛乱后，当地的百姓都没有姓，于是赐了很多姓给他们，其中就有李姓。

李姓故事

李姓的意外烦恼

李姓在中国历史上建立的政权最多，称帝称王者达60多人，所以声威显赫，不过也因此，有了很多意外的麻烦。

比如据《酉阳杂俎》记载，在唐朝时，因为李姓是国姓，所有人都禁食鲤鱼，不小心抓到鲤鱼的话，必须马上放掉，若是私下贩卖鲤鱼，将会被重打60大板。更有趣的是，唐高祖李渊的父亲叫李虎，所以就禁止说"虎"字，于是就用"马"来代替"虎"字了！值得一提的是，过去大家常用的物件——马桶，早在汉朝时就有，当时叫作"虎子"，因为避讳李

虎的名字，虎子就只好叫马子了，再到后来，又改叫马桶了！

第二讲 周吴郑王

zhōu xìng

周姓

周姓历史悠久，来源简单。第一，传说在黄帝的时候，有两位叫周书、周昌的大臣，他们的后代就是周姓的来源之一。第二，来源于姬姓。后稷的12世孙古公亶父，因为被敌人所逼，率领族人迁到了陕西岐山下一块叫作周原的地方，从此，他们这个部族就被称为周族。后来古公亶父的后人周武王姬发创建周朝，周朝被秦国灭掉后，子孙都被废为庶人，为了纪念故国，他们改姓周。第三来源于改姓或赐姓。比如唐朝时为了避唐玄宗李隆基的名讳，很多姓姬的人改姓了周。唐末有个叫成纳的人，被赐姓为周；元朝时，许多姓苏的人改姓为周。此外，一些少数民族改用汉姓时，也有姓周的。

文武双全周家人

大姓里的名人数不胜数，周姓也是如此。提起周氏祠堂堂号，最著名的就是两个，细柳堂和爱莲堂，代表一文一武。

细柳堂代表的是汉朝鼎鼎大名的周亚夫。周亚夫是汉朝著名将领，曾统

率汉军三个月平定了七国之乱，他官至丞相，被封为大元帅。汉文帝六年时，匈奴入侵，周亚夫和另外两位将军驻守在细柳（今咸阳一带）。汉文帝听闻周亚夫治军严谨，军纪严明，就想到军营里去参观一下，结果，因为他没有通行证，不知道口令，守卫不让他进去，他只好在军营门口等候。

爱莲堂则是代表宋朝的周敦颐，湖南人。周敦颐是著名的理学家，朱熹推崇他为理学的创始人，他的理学理论对中国文化有着根本性的影

响，他的诗词《爱莲说》更是脍炙人口的佳作，还入

选了中学课本呢！

吴姓

吴姓的来源之一是传说。据《山海经》记载，炎帝时有一个人叫吴权，又叫吴刚；还有传说黄帝的妈妈就姓吴；上古时期，还有一个跟后羿齐名的神射手叫吴贺。

除了传说，吴姓主要源自姬姓。周朝的始祖古公亶父有三个儿子，老大叫太伯，老二叫仲雍，老三叫季历，都非常贤能。按照当时的传统，只有长子才可以继位，但古公亶父最喜欢的是老三季历。太伯和仲雍知道这个情况后就离家出走，最终到了吴越之地，并按照当地风俗文

身、断发，表明自己已经变成蛮族，不可能继承王位了。

后来太伯和仲雍的后裔都受到了周王朝的表彰，其中有人被封在了吴地（今江苏无锡一带），子孙就以吴为姓。

此外，还有其他兄弟民族的汉化改姓。

不惧贪泉

吴姓人才济济，比如"画圣"吴道子等，就连日本皇室也是吴姓后代。吴姓人中，还有一个不惧贪泉的故事，值得大家学习。

东晋时，有吴姓兄弟俩，弟弟叫吴隐之，哥哥叫吴坦之，他们从小家境贫寒，相依为命，但两人非常友爱。吴隐之年轻时就以博学、孝悌闻名于世，他为官廉洁，身穿布衣，出门也不坐车。一天，吴隐之要嫁闺女了，好朋友谢石前思后想，就派了自家最好的厨子去给吴隐之做宴席，厨子到了吴家一看：家贫如洗，而吴隐之的丫鬟正牵着一条狗要出门。厨子问："你牵狗干吗？"她说："我家老爷今天要嫁闺女，准备把这条狗卖了钱来嫁女儿。"由此可见吴隐之的清贫。

吴隐之在广州担任刺史时，城外20里处有一处泉水，名叫贪泉，据说官员一喝这贪泉水，就控制不住想贪污，所以当地的官员经常贪污，被抓后就检讨："不是我想贪，是因为我口渴喝了贪泉水，我控制不了自己。"吴隐之说："我就不信，贪就是你要贪，跟泉水有什么关系啊？"吴隐之跑到贪泉旁咕咚咕咚喝了一肚子水，结果依然清廉，他的以身作则改变了当时广州官场的不良风气，受到了东晋皇帝的褒奖，这就是不惧贪泉的故事。

zhèng xìng
郑 姓

guān yú zhèng xìng de lái yuán　dì yī yuán yú jī xìng　shì huáng dì de hòu yì　zhèng

关于郑姓的来源，第一源于姬姓，是黄帝的后裔，郑

guó kāi guó guó jūn zhèng huán gōng de hòu dài　dì èr lái yuán yú gǎi xìng huò cì xìng

国开国国君郑桓公的后代。第二来源于改姓或赐姓，

qí zhōng zuì yǒu míng de shì zhèng hé　zhèng hé běn lái xìng mǎ　míng sān bǎo　huí zú

其中最有名的是郑和，郑和本来姓马，名三保，回族

rén　yīn wèi jūn gōng hè hè　bèi míng chéng zǔ zhū dì yù cì xìng zhèng

人，因为军功赫赫，被明成祖朱棣御赐姓郑。

xìng shì wén huà dà xué zhě zhèng qiáo
姓氏文化大学者郑樵

zhèng xìng jié chū de rén wù yǒu hěn duō　zhèng chéng gōng　zhèng hé

郑姓杰出的人物有很多，郑成功、郑和

děng děng　zhè lǐ jiè shào yí wèi bǐ jiào tè bié de xìng shì wén huà yán

等等，这里介绍一位比较特别的姓氏文化研

jiū xué zhě　zhèng qiáo

究学者——郑樵。

郑樵是南宋的史学家，福建莆田人。他一生都没有参加科举考试，也没有做官，专心做学问，留下了不少有名的著作，一部《通志》更是奠定了他在史学史上的地位。在这部著作中有一个《氏族略》的章节，专门讲述姓氏和家族，里面收录了2255个姓。

郑樵还对郑姓做了深入的研究，他将郑姓的起源分为32门，总论13篇。为了搞清楚郑姓的起源，郑樵前前后后研究了2000多个姓。这种锲而不舍的精神，不仅令人敬佩，也非常值得我们学习。

王 姓
wáng xìng

王姓的来源大致有以下几支：第一来自姬姓，周文王之后。周文王第15个儿子叫毕公高，他的后代因为自己是王族之后，就改姓为王；第二出于子姓。这一支是商朝忠臣比干之后，有些也是因为自己是王子、王族，于是改姓王；第三出自妫姓，齐太公田和之后。齐被秦国灭了以后，后人因为曾经是王，就改姓王；第四改姓，比如金朝灭亡后，很多贵族改完颜为王姓；辛亥革命以后，爱新觉罗家族里面也有一支改姓王的。

为什么古代的人多为单名

看《三国演义》的时候，大家有没有发现，里面的主角们大多是单名？比如刘备、马超、赵云、吕布、董卓、诸葛亮、曹操、孙权等等，这就跟王莽有关。按照中国姓氏文化的传统，单名是很少见的。但是，王莽称帝后，曾经颁布过一条法律，规定"去二名"——就是不准用两个字的名字，除非是犯了罪，才能改成两个字的名字。

王莽之所以推行"去二名"的法律，目的是想通过这样的办法，一眼就可以分辨出一个人有没有犯过罪。后来他这种脱离实际的想法，被沦为笑谈。但这个政策却影响了一个时代，直到三国时期，还在沿用这条规定！

王莽虽然被称作"书呆子"，但他对家人要求非常严格，坚持"王子犯法，与庶民同罪"。就连他的孙子王宗犯了法也不例外。

第三讲 冯陈褚卫

冯 姓

冯姓的第一个来源出自姬姓，是周文王之后。第二是出自归姓，上古时期东夷的一支部落归夷，在河南商丘一带建立过一个冯夷国，后来分裂为河宗、冯、邯三国，三国后裔均以国名为姓。第三，冯姓出自颍川（今河南许昌一带），据说是汉代征西大将军冯异的后代。第四是源自战国时韩国的上党守将冯亭。此外，还有一些其他民族改姓冯的情况。

狩兔三窟的来历

战国时期，齐国有一个叫冯谖的人，为人机智，富有谋略。由于家贫，他不得不在孟尝君家里做一名食客。孟尝君是齐国的丞相，地位崇高，非常富有，而且十分好客，家里养着三千多名食客。

冯谖刚去的时候，地位很低，只是一个低等门客，别人都看不起他，不但享受的待遇差，自己一身的才华也得不到施展。于是他想了一个办法，连续三次击剑而歌，要求提高待遇。孟尝君觉得冯谖这个人有点意思，就同意了他的要求。

同时为了考验他，看他有没有真本事，就派冯谖

去自己的封地薛邑收债。冯谖收完债后，把债

主集合起来，假传孟尝君的命令免除了所有人

的债务，还把债券烧了，薛邑的老百姓都很感激

他。回去后，孟尝君听了这事心里生气又不好

发作，于是便疏远了冯谖。

不久之后，齐国的老国王去世了，新国王不但罢了孟尝君的官，还将他赶出国都。孟尝君的三千门客们都跑光了，只有冯谖跟着他。当他们回到薛邑时，当地的老百姓夹道相迎。孟尝君这才看到了冯谖的本事和眼光，非常感激。冯谖说："狡猾的兔子会准备三个逃命的洞窟，而你现在只有一个退路，请让我为你再凿两个洞窟吧！"

不久，冯谖出使秦、魏等国，大肆宣扬孟尝君的本事，这些国家纷纷提出要聘请孟尝君去当丞相。齐王听到这个消息，顿时后悔不已，赶紧向孟尝君道歉，并恢复了他的相位。

陈姓

关于陈姓的来源，第一，西周初年陈国建立，一些人便以国为姓。第二，秦始皇灭掉齐国后，齐国的王子田珍带领一部分人跑到楚国，改姓陈。第三，在少数民族中，姓陈的也非常多。北魏孝文帝改革时很多鲜卑人改姓陈；后来的金朝完颜氏，也有改姓陈的；元朝灭亡后，很多蒙古贵族改姓陈；满族也有大量姓陈的；在京族、羌族中陈也是大姓。

传奇家族"义门陈氏"

北宋初期，在庐山附近的九江地区，有一户姓陈的大家庭，被称为"义门陈氏"。这户陈姓人家，祖上是从外地迁来的，后来历经三百多年的发展，整个家族的人口最高时达到了三千七百多人。最为奇特的是，数百年来他们从来没有分过家。三千多人一起生活。据说开饭的时候，同时要摆三百多张饭桌。

后来，由于人口实在太多，"义门陈氏"不得不分家。这次分家可谓"史上最牛"：分家方案由

包拯包青天和当时的名臣文彦博共同研究制定，并上报皇帝批准，宋仁宗御赐编号，将陈家家产分为291份。这时感人的一幕出现了：虽然包公想保持公平，可陈家人却互相谦让。这次分家后，"义门陈氏"被分流到了

全国16个省的125个县。陈独秀、陈毅、陈赓、陈云等名人都是"义门陈氏"之后。

应当说，"义门陈氏"所表现出来的那种不计个人得失，以家族整体利益为重的精神，是非常难能可贵的，这种舍小我，保大家的精神，曾经支撑中华民族度过了很多危机。

姓氏来源

褚 姓

与其他姓不同，褚姓的来源很纯粹，是来自春秋时期的一个负责管理集市贸易的官职褚师。这种现象在中华姓氏中非常独特。

"经学博士"与"书法名家"

褚姓的族人虽不多，但名人却不少。过去在褚姓的祠堂里有一副最重要的对联，上联是"经学博士补史记"，下联是"书法名家序雁塔"，看着很谦虚，实际上骨子里的骄傲溢于言表。

"经学博士"指的是西汉著名的经学家褚少孙，他最突出的贡献是增补了司马迁的《史记》。如果我们今天把褚少孙补的那部分内容抽掉，《史记》就不完整了。

"书法名家"指的则是唐代大书法家褚遂良，"雁

塔"就是现在西安市的文化地标大雁塔。在大雁塔的塔下有两块重要的石碑，即《雁塔圣教序》前石和后石，分别由唐太宗李世民、唐高宗李治撰文，大书法家褚遂良书写，它们不但是重要的历史文献，而且是书法艺术的瑰宝。

姓氏来源

卫姓

卫姓的来源，第一出自姬姓。周朝初年，周文王第八子康叔，被封在卫地，建立了卫国。秦国一统天下后，卫国的子孙就把国名当作姓。第二出自姚姓。当时除了姬姓卫国，还有一个姚姓卫国，后来国家灭亡了，一部分人就改姓

卫。第三是改姓，比如西汉大将卫青本姓郑，后改名
卫青；此外，北魏孝文帝实行汉化政策时，不少贵族也
改姓卫。

卫姓故事

中华第一帅哥卫玠

过去卫姓的祠堂里也有一副对联："两青御
外侮，七出立大功"，讲的就是卫姓名人。上联说
的是两个都叫卫青的民族英雄——汉代抗击匈奴
的卫青以及明朝抗击倭寇的卫青。下联说的是，
汉代卫青曾七击匈奴无一败绩，立下大功。

除此之外，卫姓里还诞生了中华第一帅哥

卫玠。珠圆玉润最早就是用来形容他的皮肤。

除了皮肤好，卫玠还出身名门，相貌更是风神秀逸，极其漂亮。有一次，他来到了洛阳，沿途的居民蜂拥而上，夹道观看，几近疯狂。卫玠从小身体就弱，心理承受能力也不够强，经过这么一闹，不久就病逝了。这就是典故"看杀卫玠"的来源。

第四讲 蒋沈韩杨

姓氏来源

jiǎng xìng
蒋 姓

蒋姓的主要来源，第一是姬姓。周公的第三个儿子叫伯龄，封在蒋地，建立了蒋国，后来蒋国被楚国灭掉，子孙就改姓蒋了。第二个来源就是兄弟民族当中的蒋姓。这个来源比较复杂，满族、蒙古族、回族、拉祜族、保安族、布朗族、苗族、瑶族、傣族、土家族、壮族、羌族和苦聪族里都有蒋姓。

蒋姓故事

江南无二蒋，九子皆封侯

东汉光武帝时期，有个人叫蒋横，被人陷害

而死，他的九个儿子分散四方，都跑了。后来光武帝醒悟了，觉得蒋横是受了冤枉的，就找到了这九个儿子，全部就地封侯。兄弟九个都是侯爵，且大都居住在南方，这样一来，蒋姓就成为一个非常典型的南方姓氏。现今南方的很多蒋姓，都是由九侯分出来的。近代历史名人蒋介石，就是九侯之一宜兴凸亭侯蒋澄的后代。台湾原本很少有蒋姓的人，1949年国民党政权退居台湾，浙江、奉化一带的蒋姓都跟随去了台湾，因此现在台湾也有不少蒋姓。

shěn xìng
沈 姓

shěn xìng de lái yuán zhǔ yào yǒu sān gè　　dì yī gè shì chū zì jī xìng zhōu wénwáng
沈姓的来源主要有三个。第一个是出自姬姓，周文王

dì shí zǐ rǎn jì bèi fēng zài le rǎn guó　　rǎn guó yòu míng shěn guó　　hòu lái bèi cài guó
第十子冉季被封在了冉国。冉国又名沈国，后来被蔡国

suǒ miè　　zǐ sūn wèi le jì niàn zì jǐ de guó jiā gǎi xìng shěn　　dì èr　chū zì mǐ
所灭，子孙为了纪念自己的国家改姓沈。第二，出自芈

xìng　　chǔ zhuāng wáng zhī zǐ zhēn bèi fēng zài shěn yì　　suǒ yǐ tā de hòu dài yě bǎ shěn dàng
姓。楚庄王之子贞被封在沈邑，所以他的后代也把沈当

zuò xìng　　dì sān gè lái yuán shì xià shāng shí qī de shěn guó　　cǐ wài　　zài xiōng dì mín
作姓。第三个来源是夏商时期的沈国。此外，在兄弟民

zú dāng zhōng yě yǒu yì xiē shěn xìng
族当中也有一些沈姓。

huáng liáng měi mèng　　yǔ　　bái miàn shū shēng
"黄粱美梦"与"白面书生"

lì shǐ shang yǒu hěn duō diǎn gù gēn xìng shěn de rén yǒu guān　　huáng liáng
历史上有很多典故跟姓沈的人有关。"黄粱

<ruby>美<rt>měi</rt></ruby><ruby>梦<rt>mèng</rt></ruby>"这个大家耳熟能详的典故，正是出自

唐代著名文学家沈既济的传奇小说《枕中

记》。而"白面书生"的故事可能大家会有些

陌生。

南北朝有个武将叫沈庆之，特别会打仗，被

封为"建武将军"。有一天，皇帝想发动战争，扩大领土，就找他商量。沈庆之说："不行，不能打，没有这个机会，也没有这个力量。"皇帝不耐烦了，就找了两个文官来和沈庆之争辩。沈庆之说："大王，治理国家就像管理家庭一样，讨论种田的事情，就要去问农民，问织布的事情，就得去问织布的女工。大王现在是要打仗，怎么找两个从来没有打过仗的白面书生来跟我商量？"这就是典故"白面书生"的来源。

hán xìng
韩姓

韩姓的来源非 常复杂。一种 说法认为韩姓是黄帝的后裔，上古时期就有了。还有一种 说法认为是出自姬姓——周武王的小儿子曾被封在韩，称 韩侯，后来被晋国所灭，子孙便把韩当作姓。第三种 说法认为出自战国七雄之一的韩国。此外，古代不少 兄弟民族都有改为韩姓的情 况，现在的蒙古族、锡伯族、彝族等民族里面也都有韩姓。

bó yú qì zhàng
伯俞泣杖

历代韩姓名人不少，比如八仙过海里的韩湘

子、大文豪韩愈等。其实，在民间故事里最感人的孝子也是韩姓人。据说古时候，有一个名叫韩伯俞的少年，他的妈妈对他要求很严格，生气的时候还会动手打他。韩伯俞很倔强，挨打的时候从来不哭。后来妈妈在五十多岁的时候，有一次啪啪打了韩伯俞几下。没想到这回，韩伯俞竟然哭了，而且是号啕大哭。

他的妈妈问道："小时候揍你，你都没哭过，怎么现在这么大的人了，挨几下打反倒哭了？"韩伯俞抽泣着说："小时候您打我，我是真的疼！但是我知道您是为了教育我，所以强忍着不哭。这一次

您打我，我一点疼的感觉都没有，才知道妈妈您老了，力气不如从前了。因此我感到伤心，所以就哭了。"

杨 姓

杨姓来源众多，第一种说法是源自姬姓，出自春秋时期的杨国。第二种说法是出自姞姓——古代曾经存在过一个姞姓杨国，而且比姬姓杨国还要早。第三是赐姓。比如隋初就把很多有功之臣赐姓为杨；著名的杨家将——效力北汉时被赐姓刘，后来归宋后又改回姓杨了。此外，在氐族、白族、纳西族、苗族、回族、蒙古族、朝鲜族、拉祜族、侗族中都有杨姓，比如著名舞蹈家杨丽萍就是白族人。

杨震与四知堂

东汉时有个叫杨震的人，为人正直，做事公正。有一次他去外地做官路过一个叫昌邑的地方，当地县令曾得到杨震的举荐，非常感激杨震，于是带着一些黄金悄悄地来拜访他。杨震非常生气，对他说："你也算是我的老朋友了，怎么还不知道我的为人？为什么要带这么重的礼物来？"县令低声说："现在是夜半时分，根本没人知道。您就不必担心了。"听了这话，杨震更加生气，他说了一句顶天立地的话："谁说没人知道？至少天知道、神知道、你知道、我知道。"这就是著名的杨震"四知"。后来，杨家后人创办了"四知堂"药材店，以此向顾客表明自己是凭良心卖药，绝不销售假冒伪劣的药材。

第五讲 朱秦尤许

姓氏来源

朱姓

朱姓的第一个来源是颛顼帝的后代，西周时曾建立邾国，后来国家灭亡，后代就改姓朱。第二个来源是尧帝的儿子丹朱之后。第三个来源是宋国的开国君主微子启，他有个裔孙叫朱晖。此外就是兄弟民族改汉姓了，比如鲜卑族的朱可浑氏在北魏孝文帝改革时改为朱氏。

朱姓故事

朱云折槛

朱姓人杰辈出，仅历史上 称帝的就有21个人，朱元璋、朱熹、朱德更是耳熟能详的名人。

汉代时有一个叫张禹的奸臣，权倾一时，做了很多的坏事，却无人敢管。朱云只是一个小小的县令，可他不畏强权向汉成帝上书，历数张禹的罪行并要求皇帝将其斩首。皇帝非常宠信张禹，闻言大怒，要将朱云杀了。

朱云一点也不害怕，大声讲述张禹的罪状，刽子手过来拉他，他死死地扒住门槛不放手，连门槛都被掰断了。后来，皇帝被朱云的执拗感动了，赦免了他，还号召大家向朱云学习，多给自己提意见。这就是典故"朱云折槛"的故事。

秦姓

秦姓的来源不算太复杂，第一，来源于舜。舜帝有七个朋友，其中有一个叫秦不虚。第二，嬴姓的后代。秦国灭亡以后，赢姓人便以秦为姓。第三，源于姬姓。周文王有个后代封在一个叫秦邑的地方，后代便改姓秦。另外，就是其他民族的改姓，比如蒙古族穆奇德氏、女真族的抹捻氏以及满族的穆颜氏，都改成秦姓了。

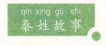

秦姓故事

"油炸鬼"秦桧

杭州等地管油条叫"油炸鬼"，据说是因为老百姓痛恨奸臣秦桧害死了岳飞。在江浙话里"鬼"和"桧"是一个音，于是人们就拿面粉做成一个人形，把它当成秦桧，然后放油里炸，并给这道食物起名叫"油炸鬼"。

yóu xìng
尤 姓

尤姓是一个小姓，也是一个非常年轻的姓，至今只有一千多年的历史。来源一，五代的时候，王审知建立了闽国。闽人的沈姓和王审知的"审"字同音，为了避讳，就去掉了三点水，改成了形似的尤。所以，尤、沈是一家。第二支尤姓出自仇姓。尤和仇古音相同，而且都是一个意思。此外，满族、回族、台湾原住民、蒙古族、佤族、苗族、羌族等兄弟民族也都有尤姓。

尤氏子孙，代代名人

尤姓虽小，但人才众多。宋真宗的时候，泉州晋江有一个叫尤叔保的人，他的儿子尤大公、孙子尤辉、曾孙尤著、玄孙尤衮和尤梁，尤衮的儿子尤慨，尤衮的孙子尤育、尤耀，尤衮的曾孙尤冰寮，前前后后大概七八代人全部载入史册，个个青史留名，十分了得，被尊为"无锡尤氏"。尤衮还是与杨万里、范成大、陆游齐名的南宋四大家之一。

此外，明清之际，著名的文学家、戏曲家尤侗也是无锡人。

许姓
xǔ xìng

许姓的第一个来源是姜姓。周朝初期曾有一个名叫许的诸侯国，许国灭亡后，子孙便把许当作姓。第二出自姬姓，是古代著名的贤人高士许由之后。此外，少数民族中也有许姓。

得了丑妻当宝贝的许允
dé le chǒu qī dàng bǎo bèi de xǔ yǔn

许允是三国时期魏国人，风流倜傥，非常有名。后来他娶了个妻子，非常贤德，却长得很难看。结婚那天，许允拜堂成亲后不想进洞

房。后来经朋友劝说，他勉

强进去了，生气地问妻子：

"道德、言语、容貌、女红这

四样女子拥有的东西，你有几

样？"

妻子当然知道丈夫嫌弃自

己容貌不佳，但容貌是天生

的，根本由不了自己，于是她

反问道："听说读书人有一百

种品德，你又有几种呢？"许允

很骄傲地说："我样样不缺，全

都具备。"听了这话，妻子生气地说："作为一个君子，首先要有德，你好色不好德，嫌我长得不漂亮，还好意思把自己说得这么完美！"

许允听妻子这么一说，知道自己错了，非常惭愧，就向妻子道歉。从此之后两个人彼此尊重，相敬如宾。

第六讲　何吕施张

hé xìng
何 姓

关于何姓的来源，第一，间接出自姬姓。因为"何""韩"读音相近，一部分韩姓人慢慢演变成何姓。第二源自兄弟民族。汉唐时的西域小国中，一部分人就姓何；唐朝的吐谷浑部落中，不少族人姓何；清朝的前身金国有一个大将叫何和礼，他的族人都以何为姓。第三是改姓。历史上有好几支他姓改姓何的情况：比如明朝著名学者方孝孺遭灭门之灾，据说有后代逃到了安徽庐州，就改姓了何；澳门赌王何鸿燊的祖上是荷兰裔犹太人。

傅粉何郎

三国时期，有个叫何晏的人，本来是大将军何进的后代，后来老妈改嫁给曹操，成了曹操的养子，还娶了公主为妻。何晏不但身份高贵，而且长得非常漂亮，皮肤洁白、细腻。

皇帝觉得很惊奇，认为男子的皮肤不应该这么白，于是便叫来何晏，对他说："你把这碗热汤面吃了吧。"那一天，天气本来就热，面又很烫，何晏吃得大汗淋漓，一边吃一边热得拿袖子擦脸，结果越擦

越白了。这个时候，皇帝终于明白，何晏真的是天生皮肤白，而不是抹了粉的缘故。这就是成语"傅粉何郎"的来源。

吕姓

吕姓的第一个来源是姜姓，始祖就是大名鼎鼎的齐太公吕尚，也就是姜子牙。第二，出自姬姓，是晋国魏武子之后。第三，来自兄弟民族。满族、黎族、土族、蒙古族、土家族、朝鲜族都有吕姓。

士别三日当刮目相看

三国时期，东吴有一个叫吕蒙的大将军。起初，吕蒙非常不愿意学习，别人劝他学习，他总是找各种借口推脱，不是事情太多没有时间，就是身体不舒服等等，总之就是不想学习。后来，孙权亲自劝导他，向他讲述学习的好处，吕蒙这才有所改变，开始发奋读书。

过了一年多，他的朋友鲁肃前去看望他，跟他一番交谈过后，惊得目瞪口呆，忍不住说道："你现在的才华谋略，早已经不是当初我认识的那个吕蒙了。"吕蒙笑着说道:"一个人只要下定决心认真读书,哪怕是分开三天也会有不小的变化,你怎么能用静止的眼光来看待我呢?"

施姓

施姓是一个很古老的姓氏,它的第一个来源是姬姓。春秋时,鲁惠公有个儿子叫尾生,字施父,他的后代大都姓施。第二,夏朝的时候有一个施国,施国灭亡后,不少人便以施为姓。第三,来源于职业。商代有七族,指的是七个行业,其中专门做旗子的一族叫施氏。第四,据说方孝孺的一个后代逃跑后,也改姓施。最后,彝族、苗族、蒙古族、羌族、傣

zú děng shǎo shù mín zú yě dōu yǒu shī xìng
族 等 少 数 民 族 也 都 有 施 姓。

shī nài ān yǔ 《shuǐ hǔ zhuàn》
施耐庵与《水浒传》

shī nài ān cóng xiǎo cōng huì xué xí fēi cháng kè kǔ suì kǎo zhòng
施 耐 庵 从 小 聪 慧，学 习 非 常 刻 苦，19 岁 考 中

xiù cai suì kǎo zhòng jǔ rén suì kǎo zhòng jìn shì rán ér dāng shí
秀 才，29 岁 考 中 举 人，35 岁 考 中 进 士。然 而 当 时

zhèng chǔ zài yuán cháo mò nián tiān xià dà luàn dào chù dōu zài dǎ zhàng yīn
正 处 在 元 朝 末 年，天 下 大 乱，到 处 都 在 打 仗。因

wèi shòu bu liǎo guān chǎng de fǔ bài hé shàng jí de qī wǔ jǐn jǐn dāng le
为 受 不 了 官 场 的 腐 败 和 上 级 的 欺 侮，仅 仅 当 了

sān nián de guān shī nài ān jiù cí guān huí jiā qù le hòu
三 年 的 官，施 耐 庵 就 辞 官 回 家 去 了。后

lái tōng guò diào chá yán jiū bìng jié hé dāng shí de shè huì huán
来 通 过 调 查 研 究，并 结 合 当 时 的 社 会 环

jìng shī nài ān xiě chū le sì dà míng zhù
境，施 耐 庵 写 出 了 四 大 名 著

之一的《水浒传》，成为我国古代著名的小说家。

张姓

张姓的第一个来源，是黄帝之后挥的后代。挥是负责制造弓箭、军火的弓正（古时官衔名），后来他的后人就以职业为姓，改姓张。第二个来源也是黄帝的后代，是晋国大夫解张的后代。第三个来源是赐姓或者是改姓。比如诸葛亮南征时，曾赐南蛮部落首领之一的龙佑那张姓；魏国的大将张辽本姓聂等等。此外，一些少数民族中也有张姓。

张打油和"打油诗"
zhāng dǎ yóu hé　dǎ yóu shī

唐朝时期，有一个叫张打油的普通人，没读过多少书却喜欢作诗。由于他作的诗通俗易懂，形象生动，受到了普通老百姓的欢迎，大家给这种诗起了个名字，叫"打油诗"。

有一天，天降大雪，到处白茫茫一片。有人说："哎，张打油，来首诗。"张打油说："行，我来一首《咏雪》，就四句：'江山一笼统，井上黑窟窿。黄狗身上白，白狗身上肿。'"这首诗很有名，堪称中国第一"打油诗"。

第七讲　孔曹严华

姓氏来源

孔 姓

孔姓来源不算太复杂，第一，黄帝时代就已经有姓孔的，名字叫孔甲。第二大来源是子姓，又分两支：一支来自商族的始祖契，第二支源于商纣王弟弟的后代孔父嘉。

孔姓还有些其他的来源。例如春秋时期，郑国有出自姬姓的孔，卫国有出自佶姓的孔，陈国有出自妫姓的孔。另外，兄弟民族土家族、苗族、蒙古族、回族、满族等等都有孔姓。

kǒng shì jiā zú de chuán qí
孔氏家族的传奇

孔子家族起初也没什么地位。汉代以后,随着孔子的地位越来越高,孔氏逐渐成为一个望族,并得到历代王朝的世袭封号。南宋建立后,第48代"衍圣公"(宋朝皇帝给孔氏嫡派后裔的封号)孔端友从山东曲阜赶往杭州参加祭祀活动,孔氏南宗由此创立。元朝统一中国以后,孔氏南宗、北宗又合二为一。从孔子算起,孔氏家族已经传承了两千五百多年,八十余代,族人遍布海内外。在韩国目前就有超过7万名孔子后裔,还经常组团到曲阜来祭祖。

孔氏家族的族谱也是一个传奇。但并不是所有姓孔的人都可以入家谱，比如那些不孝顺父母、违反法律、搞歪门邪道、取名不规范的孔姓之人，都不能入家谱。此外，修谱需要集资，一些人因为交不起钱，也没能入家谱。

姓氏来源

曹姓

关于曹姓的来源，第一种说法是，大禹治水时，有一个人被封为看守监狱的曹官，后代就姓曹。第二种说法是，周朝初期，曹挟被封在邾国，后来邾国灭亡，国人有的改姓朱，有的改姓曹。第三种说法是，出自姬姓，振铎受封曹国，后代便以国为姓。第四种来自改姓。比如曹操本来就不姓曹，而姓夏侯。另外，满族、蒙古族、瑶族、阿昌族、布朗族等少数民族中都有曹姓。

曹姓故事

弃恶从善的曹国舅

历史上姓曹的名人很多，下面给大家介绍一个比较有趣的人物——"八仙"之一的曹国舅。

相传，曹国舅是宋朝一位皇后的兄弟，他还有一个弟弟非常坏，为了霸占一个秀才的妻子，竟然把秀才打死了。秀才的冤魂跑去找包公申诉，曹国舅就给弟弟出主意，干脆把秀才妻子也弄死。这位小国舅把秀才妻子扔进井里，她却侥幸活了下来，恰好碰到曹国舅，错把他当成了包公喊冤，曹国舅便命令手下用铁鞭打她。

大难不死的秀才妻子，最终找到包公。包公装病，骗曹国舅前来打探消息，还把小国舅也骗了来，两人一块被抓了起来。后来，小国舅被杀头，曹国舅获释后羞愧难当，就跑到山里修道去了，再后来就成了"八仙"之一。虽然成仙了，可老百姓还记着他不光彩的历史，在一些庙会上，曹国舅的鼻子常常被抹上一块白色，表示他是个小丑的角色。

严姓

严姓的第一个来源，出自庄姓，是战国时的楚庄王后代。东汉明帝叫刘庄，于是不能姓庄了，只好统统改姓严。后来一部分人又改回了庄姓，另一部分则没有。第二种说法，战国时期秦国有一位上大夫叫嬴君疾，受封于蜀郡严道，后代就姓严了。第三种说法，远古时期有个国家叫严国，子孙便以国为姓。第四种说法，满族、彝族、土

069

zú xī bó zú cháo xiǎn zú lǐ yě dōu yǒu yán xìng
族、锡伯族、朝鲜族里也都有严姓。

bǐ táng sēng zī gé hái lǎo de qǔ jīng rén
比唐僧资格还老的"取经人"

dōng hàn shí qī yǒu yí gè jiào yán fó diào de nián qīng rén cōng míng
东汉时期，有一个叫严佛调的年轻人，聪明

hào xué duì yú fó jiào fēi cháng gǎn xìng qù wèi le yán jiū fó jiào lǐ
好学，对于佛教非常感兴趣。为了研究佛教理

lùn yán fó diào zǒu fǎng le xǔ duō sì miào hòu lái gān cuì chū jiā dāng hé
论，严佛调走访了许多寺庙，后来干脆出家当和

shang hàn líng dì zài wèi de shí hou cóng xī yù ān
尚。汉灵帝在位的时候，从西域安

xī guó lái le yí gè jiào ān xuán de sēng rén yán fó
息国来了一个叫安玄的僧人，严佛

diào biàn hé tā yí dào tǎo lùn fó fǎ hòu lái tā
调便和他一道讨论佛法。后来，他

men yì qǐ fān yì le fǎ jìng
们一起翻译了《法镜

经》两卷、《阿含口解十二因缘经》一卷，是中国佛教早期的重要著作。他还写了一本《沙弥十慧章句》，记录了自己对佛教的理解。根据现有的文献记载，严佛调应该是我国汉族最早的和尚。

姓氏来源

华姓

华姓的来源，第一，春秋时期，宋国宋戴公曾经封了一个自己的子孙在华邑，后来这个子孙便以地名为姓。第二源于姒姓，出自于颛顼帝高阳氏。第三源于姬姓，是郑国的世子华的后代。第四，源于嬴姓，出自战国末期秦国的公子华。另外，蒙古族、回族等 等 也 都 有 华姓。

华姓故事

华佗原来是中西医结合创始人

三国时期，有一个著名的医生，名叫华佗，他非常擅长妇科、耳科和针灸。华佗还首创了一种跟打拳一样的健身方式——五禽戏。

有一次，曹操头疼得厉害，听说华佗的医术非常高超，就命人把他找来。华佗对曹操做了全身检查后，认为必须打开曹操的脑袋，才能彻底治好他的头痛。曹操听了大惊，以为华佗是要害他，就让人把华佗杀害了。其实，华佗不只是中医大夫，他经常给人开刀治病，还发明了一种叫麻沸散的药，人吃了就会全身麻醉失去知觉，好方便他做手术。曹操虽然知识渊博，才华出众，但对于医学并不精通，糊里糊涂地杀害了华佗，最终也耽搁了自己的病情，早早地病死了。

第八讲 金魏陶姜

姓氏来源

金 姓

金姓的来源相当复杂。第一个说法是出自上古时期的少昊金天氏。第二个来源是汉武帝时期，匈奴休屠王的儿子——金日磾。第三，改他姓为金。

五代十国时期，为了避皇帝的名讳，吴越国有很多刘姓改姓金。此外，汉化的犹太人一共有17个姓，其中就有金姓。

yōu mò dào sǐ jīn shèng tàn
幽默到死金圣叹

jīn shèng tàn cóng xiǎo jiù hěn cōng míng hào xué　　shì yuǎn jìn wén míng de
金圣叹从小就很聪明好学，是远近闻名的

cái zǐ　　tā xìng gé háo fàng bù jī　　fēi cháng tǎo yàn kē jǔ kǎo shì　xǐ
才子。他性格豪放不羁，非常讨厌科举考试，喜

huan dú shū xiě zuò　　píng diǎn le bù shǎo gǔ diǎn xiǎo shuō　zuì chū míng de shì
欢读书写作，评点了不少古典小说，最出名的是

píng shuǐ hǔ zhuàn　　hòu lái　tā de míng qi yuè lái yuè dà　lián dāng shí
评《水浒传》。后来，他的名气越来越大，连当时

de huáng dì dōu zhī dào tā　bìng qiě shuō　　zhè ge rén wén zhāng xiě de hěn
的皇帝都知道他，并且说："这个人文章写得很

hǎo　bú yào ná bā gǔ wén de píng pàn biāo zhǔn qù kàn tā
好，不要拿八股文的评判标准去看他。"

yóu yú qiān lián zhèng zhì shì jiàn　kū miào àn　　jīn shèng tàn bèi pàn sǐ
由于牵连政治事件"哭庙案"，金圣叹被判死

xíng　kǎn tóu qián xī　jīn shèng tàn duì yù zú shuō　ná bǐ mò lái　wǒ
刑。砍头前夕，金圣叹对狱卒说："拿笔墨来，我

yào xiě yì diǎn dōng xi gěi nǐ　　yù zú yǐ wéi yǒu shén me hǎo shì　jié guǒ
要写一点东西给你。"狱卒以为有什么好事，结果

jīn shèng tàn xiě le yí gè zhǐ tiáo xiě wán yǐ hòu sī chéng liǎng bàn fēn

金圣叹写了一个纸条，写完以后，撕成两半，分

bié róu chéng zhǐ tuán sāi dào le zì jǐ ěr duo yǎn li bèi shā zhī hòu

别揉成纸团，塞到了自己耳朵眼里。被杀之后，

liǎng gè zhǐ tuán chū lái le guì zi shǒu dǎ kāi yí kàn liǎng gè zhǐ tuán shang

两个纸团出来了，刽子手打开一看，两个纸团上

gè xiě le yí gè zì hǎo téng

各写了一个字——好、疼。

xìng shì lái yuán

姓氏来源

wèi xìng

魏姓

wèi xìng lái yuán yě yǒu duō zhǒng dì yī chū zì jī xìng shì zhōu wén wáng de hòu dài

魏姓来源也有多种。第一，出自姬姓，是周文王的后代

bì wàn zhī hòu dì èr chū zì mǐ xìng shì zhuān xū dì de hòu yì wèi rǎn zhī hòu

毕万之后。第二，出自芈姓，是颛顼帝的后裔魏冉之后。

dì sān wài xìng gǎi chéng wèi xìng bǐ rú shuō nán sòng de shí hou yǒu gè dà xué zhě

第三，外姓改成魏姓。比如说南宋的时候，有个大学者

jiào wèi liǎo wēng běn xìng gāo yīn wèi guò jì de yuán gù gǎi xìng le wèi lìng wài mǎn

叫魏了翁，本姓高，因为过继的缘故，改姓了魏。另外，满

zú wǎ zú è lún chūn zú tǔ jiā zú měng gǔ zú yí zú huí zú cháo xiǎn zú

族、佤族、鄂伦春族、土家族、蒙古族、彝族、回族、朝鲜族

děng xiōng dì mín zú zhōng dōu yǒu wèi xìng
等兄弟民族中都有魏姓。

zhī ēn tú bào hǎo měi dé
知恩图报好美德

chūn qiū shí qī　 wèi wǔ zǐ shì jìn guó de dà guān　 tā yǒu yí gè fēi
春秋时期，魏武子是晋国的大官，他有一个非

cháng chǒng ài de qiè jiào zǔ jī　 měi cì chū zhēng dǎ zhàng qián xī　 tā dōu
常宠爱的妾叫祖姬。每次出征打仗前夕，他都

duì jiā rén shuō　 rú guǒ wǒ zhàn sǐ le　 jiù ràng tā zǎo diǎn gǎi jià　 bú yào
对家人说："如果我战死了，就让她早点改嫁，不要

dān wu le tā de qīng chūn　 kě shì
耽误了她的青春。"可是

zhēn de děng dào tā bìng sǐ shí　 què gǎi
真的等到他病死时，却改

kǒu shuō yào ràng zǔ jī xùn zàng　 tā
口说要让祖姬殉葬。他

de ér zi wèi kē shì yí gè yǒu zhǔ jiàn
的儿子魏颗是一个有主见

的人，认为父亲前后矛盾是糊涂了，就让祖姬改嫁了。后来他和秦军大将杜回交战失败，逃到一片草地的时候，杜回突然被绊倒，他立刻抓住了杜回，从而扭转了整个战局。后来通过调查，原来是祖姬老父亲为了报答他没让女儿殉葬的恩情，暗地里做的手脚——结草，并最终绊倒了杜回。

姓氏来源

陶姓

陶姓的第一个来源是唐尧，尧帝时有一个著名的陶工，后来他的子孙就以陶为姓。第二，也是出自唐尧，尧帝最早的封地就在陶。第三出自舜。舜的孙子虞孙曾经官至陶正，子孙就以官为姓。第四，商代有七个部族，其中一支以做陶器为生的部族便以陶为姓。第五是改姓，北宋初年有个人叫陶古，本名叫唐古，在后晋时由于避皇帝的名讳，就改姓陶。第六是其他民族取的汉姓，比如现在的白族、傣族、京族、苗族、彝族、黎族、布朗族、蒙古族、回族也都有陶姓。

有备无患的陶侃

现在在一些陶姓的祠堂里可能还会有这样一副对联："寸阴珍惜日，一刻爱春宵。"教育大家要珍惜时光。这说的就是陶渊明的曾祖父陶侃了。

大诗人陶渊明的曾祖父，名叫陶侃。他是一个非常勤奋，做事有备无患的人。他当官的时候，不喜欢饮酒，也不喜欢赌博，一心想着把事情做好。有一次，他视察一家造船厂，遇到一些人正准备扔掉木屑、竹钉子之类的造船剩的边角料，他马上给拦住了，说："先留着，说不定就有什么用处。"过了一段时间，天降大雪道路湿滑，那些木屑就派上了用场，铺在地上可以防止人滑倒。有一年，大将桓温需要造船，正好缺钉子，可是铁钉不行，会生锈。这时候，陶侃留的那些边角料就全部做成了竹钉，又派上了用场。

姜姓

姜姓是一个非常古老的姓氏，起码有102个姓是从姜姓衍生出来的。姜姓最主要的起源是炎帝神农氏之后。《说文解字》记载："神农居姜水，因以为氏。"第二，桓氏改姓，唐朝时的大司徒桓庭昌改为姜姓。第三，其他民族改姓。特别是羌族最为常见，因为"羌"跟"姜"有点像。

孟姜女哭长城
mèngjiāng nǚ kū chángchéng

孟姜女，并不姓孟，她姓姜，因为母亲是偏房，她又是家中最大的女儿，按照古代的习惯就被称为孟姜女。后来，她嫁给了范喜良，两人生活幸福。不久，秦始皇修长城到处抓人，范喜良也被抓走了，而且很久都没有音讯。孟姜女思念丈夫，就从家里出去寻找。她历经万里，受尽了各种艰难，最终到达修筑长城的工地，可她的丈夫已经死了，并且被埋在了长城中。悲伤欲绝的孟姜女对着长城大哭，天地都为之感动，最后长城倒塌，露出了她丈夫的尸体。

第九讲　戚谢邹喻

dì jiǔ jiǎng　qī xiè zōu yù

姓氏来源
xìng shì lái yuán

戚姓

qī xìng

戚姓的来源，第一，出自姬姓。春秋时期卫武公有个后代叫孙林父，后被封在戚，子孙就以封地为姓。第二，出自子姓，是商朝遗民的后代。第三，兄弟民族的改姓，比如景颇族的泡戚氏后来简称姓戚。

戚姓故事
qī xìng gù shì

戚继光大摆鸳鸯阵

qī jì guāng dà bǎi yuān yāng zhèn

明朝中期，中国沿海地区深受倭寇的骚

扰，老百姓深受其害，苦不堪言。可明朝正规军队太腐朽，根本没什么战斗力。于是，戚继光从矿工中招募士兵，严加训练，最终形成了一支令倭寇闻风丧胆的戚家军。

戚继光还发明了一种专门用来对付倭寇的冲锋阵法——鸳鸯阵。具体来讲就是几个士兵围成一团，然后用盾牌将自己保护起来，敌人靠近了就用兵器从盾牌的缝里去捅、去刺。依靠这种阵法，戚家军最终将倭寇统统赶出了中国。

谢姓
xiè xìng

谢姓有以下几个来源：第一，出自任姓。传说黄帝有子25人，得姓者12人。其中第七子被赐任姓，建立过一个谢国。后来谢国灭亡，一些遗民就以谢为姓。第二支出自姜姓。西周末年，周宣王把谢邑封给了舅父申伯，建立了申国。第三，外族的改姓，比如瑶族、壮族、侗族等等。

"千金"原是男儿身
qiān jīn yuán shì nán ér shēn

现在我们通常用"千金小姐"来比喻女孩子，可在最初"千金"是用来指男孩的。

南北朝时的南梁，有一个叫谢朏的男孩，自小就聪慧异常，他的爸爸非常喜爱他。有一次，十岁的谢朏写了一篇很好的文章，大家都争相阅读，宰相王景文看了也觉得好，对谢朏的爸爸说："您这个儿子将来肯定很有出息。"谢朏的爸爸高兴地说："这可是我们谢家的千金宝贝啊！"这就是"千金"一词的来源。元朝以后，"千金"才开始用来指女子。

zōu　xìng
邹　姓

邹姓的第一个来源出自曹姓，周武王曾分封曹挟建立邹国，后来邹国灭亡，部分遗民以邹为姓。第二，出自子姓，是商纣王的庶兄微子启之后，以邑名为氏。第三，出自姒姓，越王勾践的后代有一支姓骆，由于和邹字相近，后来大都写成邹了。第四，出自姚姓，舜帝之后有被封在邹地的，所以姓邹。第五，蚩尤被黄帝打败后，一些后代跑到了一个叫邹屠的地方，起初复姓邹屠，后来改姓邹。另外，满族、回族、土家族、苗族也有邹姓。

邹忌讽齐王纳谏

战国时期，齐国有一个叫邹忌的人，非常有本事。当时的齐威王只知道玩乐，根本不理朝政，邹忌想劝，却怕齐威王听不进去，就给齐威王讲了一个自己亲身经历的故事。

邹忌说自己非常爱美，每天起床后都要照镜子，然后问老婆："我和城北的美男子徐公相比，哪一个更美？"老婆笑着说他美。然后，他又问自己的妾："我跟徐公谁漂亮？"妾恭敬地说："您比徐公漂亮。"后来，邹忌问了周围很多人，大家都说徐公没他漂亮。有一天，邹忌真的见到了徐公，才发现徐公比自己美多了！

故事讲到这里，邹忌笑着问齐威王："大王知道这是什么原因吗？"齐威王摇头，邹忌说："我老婆说我比徐公漂亮，是因为爱我；我的妾说我比徐公漂亮，是因为怕我；我的手下说我比徐公漂亮，是因为有求于我。所以大王啊，对于那些

当面夸赞您的人，您一定要注意分辨。"齐威王

很聪明，一听就明白邹忌的用意。后来他发愤图

强，使齐国变成了一个强国。

喻 姓

喻姓的来源，第一，来源于姬姓。相传黄帝时，有个医官叫俞柎，他的后代姓俞，后来演变为喻。第二，源于芈姓。楚国的一个公族有块封地叫喻邑。第三，源于官位。秦汉时期有一种官职叫使喻，也就是传令官。第四，源于"谕"姓。这一支是春秋郑国贵族之后，本来姓"谕"，后来大部分都改成了"喻"。另外，鲜卑族的渝汾氏，后来大都改成了

<ruby>喻<rt>yù</rt></ruby>。<ruby>苗<rt>miáo</rt></ruby><ruby>族<rt>zú</rt></ruby>、<ruby>侗<rt>dòng</rt></ruby><ruby>族<rt>zú</rt></ruby>、<ruby>彝<rt>yí</rt></ruby><ruby>族<rt>zú</rt></ruby>、<ruby>土<rt>tǔ</rt></ruby><ruby>家<rt>jiā</rt></ruby><ruby>族<rt>zú</rt></ruby>、<ruby>藏<rt>zàng</rt></ruby><ruby>族<rt>zú</rt></ruby>、<ruby>傣<rt>dǎi</rt></ruby><ruby>族<rt>zú</rt></ruby><ruby>里<rt>li</rt></ruby><ruby>也<rt>yě</rt></ruby><ruby>有<rt>yǒu</rt></ruby><ruby>喻<rt>yù</rt></ruby><ruby>姓<rt>xìng</rt></ruby>。

"<ruby>诗<rt>shī</rt></ruby><ruby>僧<rt>sēng</rt></ruby>"<ruby>喻<rt>yù</rt></ruby><ruby>惠<rt>huì</rt></ruby><ruby>洪<rt>hóng</rt></ruby>

<ruby>宋<rt>sòng</rt></ruby><ruby>朝<rt>cháo</rt></ruby><ruby>有<rt>yǒu</rt></ruby><ruby>个<rt>gè</rt></ruby><ruby>著<rt>zhù</rt></ruby><ruby>名<rt>míng</rt></ruby><ruby>的<rt>de</rt></ruby><ruby>和<rt>hé</rt></ruby><ruby>尚<rt>shang</rt></ruby>，<ruby>名<rt>míng</rt></ruby><ruby>叫<rt>jiào</rt></ruby><ruby>喻<rt>yù</rt></ruby><ruby>惠<rt>huì</rt></ruby><ruby>洪<rt>hóng</rt></ruby>，<ruby>他<rt>tā</rt></ruby><ruby>不<rt>bù</rt></ruby><ruby>仅<rt>jǐn</rt></ruby><ruby>佛<rt>fó</rt></ruby><ruby>法<rt>fǎ</rt></ruby><ruby>精<rt>jīng</rt></ruby><ruby>深<rt>shēn</rt></ruby>，<ruby>而<rt>ér</rt></ruby><ruby>且<rt>qiě</rt></ruby><ruby>作<rt>zuò</rt></ruby><ruby>诗<rt>shī</rt></ruby><ruby>作<rt>zuò</rt></ruby><ruby>得<rt>de</rt></ruby><ruby>很<rt>hěn</rt></ruby><ruby>好<rt>hǎo</rt></ruby>，<ruby>写<rt>xiě</rt></ruby><ruby>文<rt>wén</rt></ruby><ruby>章<rt>zhāng</rt></ruby><ruby>也<rt>yě</rt></ruby><ruby>很<rt>hěn</rt></ruby><ruby>厉<rt>lì</rt></ruby><ruby>害<rt>hai</rt></ruby>。<ruby>他<rt>tā</rt></ruby><ruby>写<rt>xiě</rt></ruby><ruby>了<rt>le</rt></ruby><ruby>一<rt>yì</rt></ruby><ruby>本<rt>běn</rt></ruby><ruby>名<rt>míng</rt></ruby><ruby>叫<rt>jiào</rt></ruby>《<ruby>冷<rt>lěng</rt></ruby><ruby>斋<rt>zhāi</rt></ruby><ruby>夜<rt>yè</rt></ruby><ruby>话<rt>huà</rt></ruby>》<ruby>的<rt>de</rt></ruby><ruby>书<rt>shū</rt></ruby>，<ruby>为<rt>wèi</rt></ruby><ruby>我<rt>wǒ</rt></ruby><ruby>们<rt>men</rt></ruby><ruby>创<rt>chuàng</rt></ruby><ruby>造<rt>zào</rt></ruby><ruby>了<rt>le</rt></ruby><ruby>很<rt>hěn</rt></ruby><ruby>多<rt>duō</rt></ruby><ruby>成<rt>chéng</rt></ruby><ruby>语<rt>yǔ</rt></ruby>，<ruby>比<rt>bǐ</rt></ruby><ruby>如<rt>rú</rt></ruby>"<ruby>脱<rt>tuō</rt></ruby><ruby>胎<rt>tāi</rt></ruby><ruby>换<rt>huàn</rt></ruby><ruby>骨<rt>gǔ</rt></ruby>""<ruby>痴<rt>chī</rt></ruby><ruby>人<rt>rén</rt></ruby><ruby>说<rt>shuō</rt></ruby><ruby>梦<rt>mèng</rt></ruby>""<ruby>大<rt>dà</rt></ruby><ruby>笑<rt>xiào</rt></ruby><ruby>喷<rt>pēn</rt></ruby><ruby>饭<rt>fàn</rt></ruby>""<ruby>满<rt>mǎn</rt></ruby>

城风雨"等。

喻惠洪小时候家里很穷，爸爸妈妈很早就去世了，他经常连饭都吃不饱，没办法只好去寺庙里当了和尚。有了空闲的时候，别的和尚都在休息、玩乐，喻惠洪却抓紧时间学习各种知识。慢慢地，他就成了一个非常有学问的人，经常有人跑来向他请教。由于他很擅长作诗，当时的人们就给他起了个"诗僧"的称号。

姓氏来源
xìng shì lái yuán

bǎi xìng
柏姓

柏姓的第一个来源，是舜帝时有个叫柏翳的大臣。第二，周朝有个国家叫柏国，柏国灭亡后，一些子孙后代就以国为姓。第三，远古时代有个人姓柏皇氏，是东方部落的首领，他的后代姓柏。另外，柏这个姓在满族和朝鲜族里也有。

柏姓故事
bǎi xìng gù shi

wén shòu dà xué shì gōng fēng píng yuán wáng
文授大学士，功封平原王

传说柏姓是上古的贵族姓氏，血统高贵，天

资聪颖。上古时代很多帝王的老师传说都是姓柏的。比如黄帝的地官叫柏常，协助大禹治水的叫柏翳，颛顼帝的老师柏亮父，帝喾的老师柏昭。

过去柏姓家族的祠堂里大都有这么一副对联："文授大学士，功封平原王。"上联中的"文授大学士"，指的是清朝道光年间的大学士柏俊。下联中的"功封平原王"，是指唐朝平定安史之乱有功的柏良器。

水姓
shuǐ xìng

水姓的来源，第一出自姒姓，是大禹时候的水工之后。

第二取自五行中的水。第三，共工氏是黄帝时候的水利官员，他的子孙有一部分姓水。第四，上古时代很多人住在河边或者湖边，就以水为姓。第五，曾有一个复姓叫水丘，后来就简化为水姓。

shuǐ xìng gù shi
水姓故事

水佳胤，一个人搞定白莲教
shuǐ jiā yìn，yí gè rén gǎo dìng bái lián jiào

明朝末年，白莲教四处闹事，明朝政府为此伤透了脑筋，这时，一个叫水佳胤的官员挺身

ér chū
而出。

shuǐ jiā yìn chū shēn wén guān què kù ài yán jiū bīng fǎ ér qiě yòng
水佳胤出身文官，却酷爱研究兵法，而且用

qǐ bīng lái dé xīn yìng shǒu fēi cháng lì hai zuì zhōng tā bú dàn lǐng bīng
起兵来得心应手，非常厉害。最终，他不但领兵

píng dìng le bái lián jiào zhī luàn hái huó zhuō le jiào zhǔ wáng sēn chéng wéi hè
平定了白莲教之乱，还活捉了教主王森，成为赫

hè yǒu míng de dà jiāng jūn hòu lái shuǐ jiā yìn biàn cí guān guī yǐn le lǎo
赫有名的大将军。后来，水佳胤便辞官归隐了，老

bǎi xìng wèi le jì niàn tā jiù zài jì zhōu jiàn zào le yí zuò shuǐ dū miào
百姓为了纪念他，就在蓟州建造了一座水督庙。

dòu xìng
窦 姓

dòu xìng zhǔ yào yǒu sì gè lái yuán dì yī chū zì sì xìng shì xià cháo de huáng dì
窦姓主要有四个来源。第一，出自姒姓，是夏朝的皇帝

shào kāng zhī hòu dì èr wèi jìn nán běi cháo shí wǔ hú luàn huá wǔ hú zhōng de dī
少康之后。第二，魏晋南北朝时"五胡乱华"，"五胡"中的氐

族中就有窦姓。第三，有些兄弟民族曾经改姓或者被赐姓为窦。第四，战国时魏国有一个人叫窦公，他的后代就姓窦。

"沾沾自喜"的窦婴

西汉时期，有个叫窦婴的人，不但身份非常尊贵，年纪轻轻就被封为魏其侯，而且很有本事，领兵打仗很有一套。当年"七国之乱"的时候，就是他领兵去平乱的。

可是窦婴有个不好的习惯就是有些自

大，一做出成绩就容易骄傲自满。有一次，皇帝赏赐他很多钱，他一高兴就把钱放在走廊上，让部下随意拿。他的姑姑窦太后好几次向皇帝推荐他，可皇帝就是不重用他，原因就是他不够谦虚谨慎，过于沾沾自喜。

章 姓

章姓的来源主要有三个：第一出自姜姓，是神农氏的后裔。第二，出自任姓。任姓为黄帝赐封的十二个基本姓氏之一，后来又分出来了十个姓，章姓便是其中之一。第三，是改姓。比如汉代的章弇本来姓仇，因避仇而改为章姓；元朝人

章 卿孙原来姓刘，从小被章 姓人抚养长大，就以章 为姓；

还有满 洲八旗里的章佳氏后来改为了章 姓。

章氏家训

五代时章 仔钧，著有《太傅仔钧公家训》，是中国著名家训前十名之一。其中"传家二字耕与读；兴家二字俭与勤；安家二字让与忍；防家二字盗与贼；亡家二字嫖与贱；败家二字暴与凶。"被人们 广泛传诵。

yún xìng
云 姓

云姓的来源一个是出自妘姓。颛顼有一个子孙叫祝融，祝融的后代被封在郓罗地，号妘子，于是就有了妘姓，再后来逐渐改成云姓。第二，春秋时有个封国叫作陨国，国灭后子孙以陨为姓，由于发音和云相似，后来也就读成云了。第三，是出自黄帝时期的官名缙云氏。此外，就是改姓。比如北魏孝文帝改革时，不少鲜卑族人改姓云。

泰国显赫的云氏家族

清朝末年，海南文昌县有个叫云崇对的人，很早就去了泰国做生意。后来他娶了一个叫娘坎的泰国姑娘，生下了七男三女。由于生意做得很好，和当地人的关系也处理得很融洽，云氏逐渐成为泰国的一个显赫家族。到了云崇对的儿子、孙子辈时，云家一连出了三个部长，对泰国的政治、经济、外交都有很大影响。

苏 姓
sū xìng

苏姓的第一个来源是出自颛顼帝，是管火的祝融后代。第二，来自于古代兄弟民族中的苏姓。第三，还有很多苏姓可能有着外国血统。

"二百五"的由来
èr bǎi wǔ de yóu lái

如果一个人吊儿郎当，好出洋相，就通常管他叫"二百五"，这个称呼的来源其实就与苏姓有关。

战国时有个叫苏秦的人，非常能说会道。当

时秦国太强大，其他国家都很害怕。于是苏秦就想让六个主要国家结成同盟，一起对付秦国。苏秦一个人兼着六个国家的丞相，好不威风。

秦国很担心，就派了一名刺客去刺杀苏秦。苏秦受了重伤，临死前他对齐王说："大王一定要替我报仇啊！"齐王说："刺客都没抓住，怎么报呢？"

苏秦脑子一转，想出了一个好办法。他对齐王说："我死后，你让人砍下我的头，鞭打我的尸体，然后说我是奸细，重金悬赏。这样的话，刺客一定会来领赏金，你不是正好可以抓住他吗？"

齐王完全赞同这个办法，并悬赏一千金，很

kuài jiù yǒu sì gè rén lái lǐng shǎng   gāi zěn me fēn ne   sì gè rén jué dìng
快就有四个人来领赏。该怎么分呢？四个人决定

měi rén fēn èr bǎi wǔ shí liǎng   qí wáng dà nù   dāng jí xià mìng lìng   jiāng
每人分二百五十两。齐王大怒，当即下命令："将

zhè sì gè   èr bǎi wǔ   lā xià qù kǎn le
这四个'二百五'拉下去砍了。"

xìng shì lái yuán
姓氏来源

pān xìng
潘　姓

pān xìng de qǐ yuán dì yī chū zì mǐ xìng   shì chūn qiū shí qī chǔ guó guì zú pān chóng zhī
潘姓的起源第一出自芈姓，是春秋时期楚国贵族潘崇之

hòu   dì èr   chū zì jī xìng   zhōu wén wáng de yì sūn bó jì céng bèi fēng
后。第二，出自姬姓，周文王的裔孙伯季曾被封

zài pān yì   dì sān   chū zì yáo xìng   shùn dì de hòu yì céng jiàn pān zǐ
在潘邑。第三，出自姚姓，舜帝的后裔曾建潘子

guó   dì sì   gǎi xìng hé cì xìng   bǐ rú běi wèi xiào wén dì gǎi gé
国。第四，改姓和赐姓。比如北魏孝文帝改革

shí   xiān bēi de pò duō luó shì gǎi wéi le pān xìng   tái wān de gāo shān zú
时，鲜卑的破多罗氏改为了潘姓；台湾的高山族

guī shùn cháo tíng shí   yě bèi cì xìng wéi pān
归顺朝廷时，也被赐姓为潘。

"高富帅"潘安

在中国古代的几大美男子中，相对于卫玠、何晏，潘安的名气更大。因为形容男子好看，通常会用到一个词——貌若潘安。

潘安，不但长得漂亮，才华也很出众，年纪轻轻就得到了皇帝的嘉奖。他的夫人叫杨蓉姬，早早病死了。潘安从此不再结婚，还写了很多的诗和赋来纪念杨蓉姬。后来，他的母亲年纪大了，潘安干脆辞了官，回家专门伺候母亲。母亲身体不好，年纪大了，想喝奶，潘安就亲自养了一群

羊，每天挤奶给母亲喝。最早的《二十四孝》里边就有潘安的故事。

葛姓

葛姓有几个来源：第一，出自嬴姓，是黄帝的后裔。第二，古代有一个部落，叫葛天氏，他们的后代大都姓葛。第三，少数民族改姓。北魏孝文帝改革时，有一支鲜卑人就改成了葛姓。现在的鄂伦春族、满族、蒙古族、裕固族、土家族等好多兄弟民族里都有葛姓。

医道名家葛洪
yī dào míng jiā gě hóng

葛姓的名人很多，文人方面例如三国时吴国的道士葛玄，道教称之为葛仙翁，就是太极仙翁，地位很高。他的从孙葛洪，不但是著名的道士，还是一位出色的医术大家，著有《抱朴子》《肘后备急方》等著作。

我国著名科学家屠呦呦发现青蒿素，获得诺贝尔生理学或医学奖，正是从葛洪的《肘后备急方》一书中得到的灵感。

xing shì lái yuán
姓氏来源

xī　xìng
奚　姓

guān yú xī xìng chū chù de zī liào jiào shǎo　cháng jiàn de guān diǎn shì chū zì rén xìng
关于奚姓出处的资料较少，常见的观点是出自任姓。

huáng dì de ér zi yú yáng　yǒu yí gè hòu dài jiào zhòng　yīn wèi fēng dì zài xī　gǎi jiào xī
黄帝的儿子禺阳，有一个后代叫仲，因为封地在奚，改叫奚

zhòng　jù shuō shì chē liàng de fā míng zhě　chú cǐ zhī wài　gǔ dài xiān bēi zú tuò bá shì li
仲，据说是车辆的发明者。除此之外，古代鲜卑族拓跋氏里

yě yǒu xī xìng
也有奚姓。

xī xìng gù shi
奚姓故事

zhì mò gāo shǒu xī jiā fù zǐ
制墨高手奚家父子

zài zhōng guó de shū fǎ　huì huà yì shù li　mò hěn zhòng yào　zhōng
在中国的书法、绘画艺术里，墨很重要。中

国最有名的制墨高手是谁呢？就是五代时候的奚超、奚廷圭父子。

奚家父子做墨非常有名，他们做出来的墨质量非常好，好到什么程度呢？它的硬度像玉；纹理像犀牛角；做好以后，在水里连续泡三年，水还是干净的，墨还是一整块，用手摸的话一点也不沾。

在当时，奚廷圭做的墨有一个专用的名称，就叫"廷圭墨"。南唐皇帝李煜非常喜欢奚家父子做的墨，就任命奚超为墨官，专门管理有关制墨的一切事务。

范姓
fàn xìng

范姓的起源主要有三个：第一，出自祁姓，是帝尧陶唐氏的后裔刘累之后，刘累有一个封国在范，后来这一支就姓范了。第二，楚国有一个地方叫范，有一座山也叫范山，所以那里的居民后来就以范为姓。第三支，兄弟民族血统。范姓有非常大的一支是出自古代西南地区的少数民族。

范仲淹"断齑画粥"
fàn zhòng yān duàn jī huà zhōu

范仲淹小时候家里非常贫困，他的父亲很早就去世了，母亲也改嫁了。由于没钱上学读书，

范仲淹就去庙里学

习，他每天用小米熬

粥，熬完了以后搁一段

时间，等到粥凝固了，

就拿一根筷子把这块粥画成四块，

这就是"画粥"。范仲淹的下饭菜，就是一小块咸

菜，还被切成四块，这就是"断齑"。而每顿饭，范

仲淹只能吃一块"画粥"和一截"断齑"。这就是

成语"断齑画粥"的来历。

正是靠着不断的发愤图强，范仲淹后来成为

了北宋著名的政治家、军事家和文学家。

péng xìng
彭 姓

彭姓的第一个起源，是颛顼帝玄孙陆终第三子筏铿之后，以国为姓。第二是出自妘姓，火官祝融的后代。祝融之后共有八姓，彭是其中之一。第三是出自商代一个叫老彭的巫师。另外，很多兄弟民族也有彭姓。

chī qíngjiāng jūn péng yù lín
痴情将军彭玉麟

彭玉麟与曾国藩、左宗棠、胡林翼并称"晚清

114

中兴四大名臣"，一生金戈铁马，驰骋沙场，但最为人称道的还是他的百转柔情。

彭玉麟从小在外婆家长大，外婆家有一个收养的女孩叫梅姑，两个人青梅竹马，感情特别好。但是两个人辈分不对，彭玉麟管梅姑叫姑姑，所以二人不能结为夫妻。后来梅姑嫁给了别人，生小孩的时候难产死了。彭玉麟听到噩耗后，身心俱裂，他发誓这一辈子，要画十万幅梅花来纪念梅姑。

láng xìng
郎 姓

láng xìng de dì yī gè lái yuán chū yú jī xìng shǐ zǔ shì chūn qiū chū nián lǔ yì
郎姓的第一个来源，出于姬姓，始祖是春秋初年鲁懿

gōng de sūn zi fèi bó yīn wèi yǐ láng chéng wéi shí yì hòu shì zǐ sūn biàn yǐ láng wéi
公的孙子费伯，因为以郎城为食邑，后世子孙便以郎为

xìng dì èr chū zì xiōng dì mín zú zuì zǎo de yì zhī nán xiōng nú zú zhōng jiù yǒu
姓。第二，出自兄弟民族。最早的一支南匈奴族中，就有

xìng láng de jīn tiān de bù yī zú ā chāng zú mǎn zú nà xī zú huí zú měng
姓郎的。今天的布依族、阿昌族、满族、纳西族、回族、蒙

gǔ zú dōu yǒu láng xìng
古族都有郎姓。

yǐ xìng dé míng de láng yáo
以姓得名的郎窑

zhōng guó cí qì jiè yǒu yí gè fēi cháng zhù míng de yáo jiào láng yáo
中国瓷器界有一个非常著名的窑叫郎窑，

zhè shì kāng xī nián jiān jǐng dé zhèn de guān yáo láng yáo shāo zhì chū lái de
这是康熙年间景德镇的官窑。郎窑烧制出来的

116

瓷器非常精美、漂亮，颜色非常的鲜艳，实在是好看极了，因此受到了很多人的喜爱。

当时负责建造郎窑的人，正是当时江西省的官员郎廷极，所以就被命名为郎窑。现在，郎窑烧制出来的瓷器，还可以在一些博物馆看到，个个都是非常珍贵的宝贝。

第十三讲 鲁韦昌马

姓氏来源

鲁 姓

　　鲁姓的第一个来源是姬姓，以国名为姓。第二个来源是鲜卑族。东晋时期，北方有个叫乌桓的民族，后来不少人改姓鲁。第三，一些少数民族中也有鲁姓。

鲁姓故事

因鲁姓得名的"孔方兄"

　　历史上，鲁姓人才济济，有文人雅士，也有武将。在鲁姓祠堂经常可以看到这样一副对联：指困济急；论钱惩贪。

上联"指困济急"说的是三国时期的鲁肃，他家里非常富裕，而且好施舍。周瑜当时在鲁肃家附近当官，军队没粮食了，就去找鲁肃帮忙。鲁肃二话没说就给了一囷（三千斛），救了很多人的性命。

下联"论钱惩贪"，说的是西晋鲁褒。他家里穷得不得了，看到当时的人们眼里只有钱，就写了一篇《钱神论》，讽刺当时社会的这种不良现象。

现在我们常用的"孔方"一词，以及"有钱能使鬼推磨"都出自这篇文章。

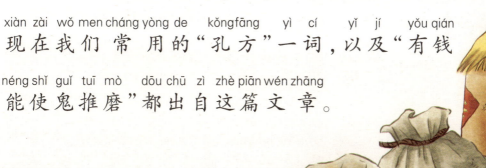

韦姓

韦姓的第一个来源是彭姓，颛顼帝的一个后代因被封在豕韦，后世子孙开始以豕韦为姓，后来又慢慢简化成韦姓了。还有一支韦姓，是韩信的后代。韩信被杀以后，萧何暗中救了他的一个儿子。为了避祸，韩信的儿子就把韩姓去掉了一半，改姓韦了。第三源于古代的疏勒国，当地原本就有姓韦的，后来进入了中原后慢慢融入汉族。此外，还有赐姓的，例如唐朝的桓彦范就曾被赐姓韦。

韦姓故事

"明目张胆"韦家人

唐朝有个叫韦思谦的官员，为人刚正不阿，

不畏权势。有一次他发现一个大官有违法乱纪行为，于是就向皇帝揭发。结果，那个大官被撤职了。过了几年，那个大官官复原职，就开始打击报复韦思谦，不但处处压制他，还把他的职位降低了，调到一个很偏远的地方去了。

面对这一切不公平待遇，韦思谦并没有改变自己做人处事的原则，他说："一个人应该敢于说真话，我就是要明目张胆地与坏人作斗争！"后来，因为才华出众，坚持原则，韦思谦又被皇帝重用。

"明目张胆"这个词，最初的意思是指理直气壮地做好事。随着语言文化的演变，现在却跟做坏事联

xì zài le yì qǐ
系在了一起。

chǎng xìng
昌 姓

guān yú chǎng xìng de lái yuán dì yī chū zì yǒu xióng shì shì huáng dì de dí xì hòu
关于昌姓的来源：第一，出自有熊氏，是黄帝的嫡系后

yì shǐ zǔ shì chǎng yì dì èr chū zì rén xìng huáng dì de ér zi zhōng yǒu yí gè
裔，始祖是昌意。第二，出自任姓。黄帝的儿子中，有一个

xìng rén hòu lái rén xìng yòu fēn chū le chǎng xìng dì sān chuán shuō huáng dì yǒu gè chén zǐ
姓任，后来任姓又分出了昌姓。第三，传说黄帝有个臣子

jiào chǎng yù tā de hòu dài jiù xìng chǎng dì sì lái zì xiōng dì mín zú bǐ rú jǐng pō
叫昌寓，他的后代就姓昌。第四，来自兄弟民族，比如景颇

zú tǔ jiā zú li jiù yǒu chǎng xìng
族、土家族里就有昌姓。

chóu shà cáo cāo de chǎngxìng rén
愁煞曹操的昌姓人

sān guó shí qī yǒu gè jiào chāng bà de rén shì xú zhōu zhè ge dì fang
三国时期，有个叫昌霸的人，是徐州这个地方

122

的太守。他的家中不但人口众多，而且子孙后代都很勇猛。他的部下训练有素，战斗力很强。

当时曹操的军队最为强大，四处打胜仗，可当他攻打徐州的时候，连续攻打了五次，用尽了各种办法，都没有成功，最后只好灰溜溜地逃走了。由此可见昌霸这个人的本领是多么的强，连曹操这么厉害的人物都拿他没办法。

姓氏来源

马姓

马姓的第一个来源是出自嬴姓。赵国有个大将叫赵奢，因为

被封在马服这个地方，后来他的子孙就以马为姓。第二，古代西域有马姓的人，后来迁入了中原居住。第三，改姓。西汉有个人叫马宫，本来复姓马矢，后来改姓了马。第四，回族中的马姓非常多。第五，满族中的马佳氏后来也改姓马。

马姓故事

"画虎不成反类犬"

东汉伏波将军马援，不仅治兵严谨、打仗有方，还非常 重视家族子弟的教育。

有一天，他听说两个侄子结交了很多侠客，就写信劝告他们说："龙伯高这个人非常敦厚、谨慎、谦虚、廉洁，为人正派，是很值得敬重的，我希望你们向他学习。而杜季良这个人，好讲义气，为人解忧，我也很敬重他，但是我不希望你们向杜季良学习。为什么呢？因为龙伯高的谨慎、敦厚，以你们的天资，是学得到、学得会的。即便学不会，也不会有太大的问题。但是如果你们要向侠客杜季良学习，非但学不会，还会'画虎不成反类犬'，那样的话就后悔莫及了。"

马援讲述的这个道理非常深刻，后来被收录到了《古文观止》里。

miáo xìng
苗 姓

miáo xìng de lái yuán zhǔ yào yǒu sān zhǒng　dì yī　chū zì mǐ xìng　chǔ guó guó jūn chǔ ruò áo

苗姓的来源主要有三种：第一，出自芈姓，楚国国君楚若敖

zhī sūn fàn fǎ bèi shā　tā de ér zi pǎo dào le jìn guó　bèi fēng zài miáo zhè ge dì fang　zǐ sūn

之孙犯法被杀，他的儿子跑到了晋国，被封在苗这个地方，子孙

biàn yǐ miáo wéi xìng　dì èr　shàng gǔ shí qī yǒu yí gè míng yī jiào miáo fù　tā de hòu dài xìng

便以苗为姓。第二，上古时期有一个名医叫苗父，他的后代姓

miáo　cǐ wài　xiàn zài de mǎn zú　yí zú　shē zú　měng gǔ zú　wéi wú ěr zú　dōng xiāng

苗。此外，现在的满族、彝族、畲族、蒙古族、维吾尔族、东乡

zú　huí zú　li dōu yǒu miáo xìng

族、回族里都有苗姓。

bù jué yú shū de miáoxìngmíng rén
不绝于书的苗姓名人

sòng cháo chū nián　yǒu yí gè jiào miáo xùn de dà chén　shàn cháng tiān wén

宋朝初年，有一个叫苗训的大臣，擅长天文

占卜之术。有一天晚上，他夜观天象，发现星象异常，于是就成功地预测出了赵匡胤要发动兵变当皇帝。后来，他成为宋朝的重要大臣。

苗再成是南宋真州知府，当时元朝正入侵南宋，民族英雄文天祥带兵抵抗，失败后很多地方都不让他们进城。当文天祥率领残兵到了真州时，苗再成恭恭敬敬地请他们进了城里，共商抗元大计。后来苗再成死守孤城，誓不投降，英勇战死，同样表现了坚强不屈的民族气节。

凤 姓

凤姓的来源有四个：第一，出自高辛氏，帝喾的后代，也就是黄帝的后裔。第二，出自姬姓，是唐代南诏国王族阁罗凤氏之后。第三，出自回族，是贵州一带的回族大姓。第四，安徽的凤姓，是后汉高祖刘知远的后裔。后汉灭亡后，刘知远的后裔逃到了安徽，因为听到凤鸟叫，觉得非常吉祥，就把刘姓改成了凤姓。

罗婆凤氏土司

云南楚雄自治州武定县罗婆凤氏土司及其后

裔，一共在金沙江两岸传了64代，前前后后繁衍两千多年。一直到1950年武定县解放时，当地还是凤氏土司在管理。

明朝初年，大将傅友德、沐英率领大军来到云南。凤氏土司非常欢迎他们，不但为军队准备了上千担的军粮，还赶到了遥远的昆明，按照彝族最高级别的仪式——数里搭棚，拦门敬酒，迎接明朝军队。

后来，凤氏家族曾先后八次进京觐见明朝皇帝，多次得到朝廷的赏赐，在当地的势力一直非常大。弘治三年，明孝宗给他们赐了一个姓，就是凤姓，还赐给土司一条金带，上面写着四个字：尽忠报国。

姓氏来源

花 姓

花姓的起源，一种说法是起源于姬姓，是周文王的后代。还有一个来源，出自外族——唐朝的时候，有来自海外的人改姓花。第三，源于其他民族。像金国时期，女真人范用吉改花姓；满族里非常古老的富珠哩族，后来改汉姓时取花为姓。此外，花姓还是回族的大姓。傣族分为水傣、旱傣，其实还有一支叫花傣，汉姓就是姓花。

被杜甫赠诗的名将

除了花木兰，最早见于正史上的花姓名人是唐朝名将花敬定。

据说花敬定本人骁勇善战，兵法谋略也很出众。当时的四川，有一个叫段子璋的人发动叛乱，朝廷就派花敬定前去平叛。结果，没用多久，花敬定就凯旋了。大诗人杜甫曾写过一首跟花敬定有关的诗，就是著名的《赠花卿》。

fāng xìng
方 姓

方姓的来源，第一是炎帝之后。第二，出自姬姓。周宣王的大臣姬方叔被封于洛，其子孙后来就姓方。第三，还是出自姬姓，但是是从翁姓里面分出来的。宋朝初年，泉州有一个人叫翁乾度，是姬姓后裔，生了六个儿子，全部都中了进士。更奇怪的是这六个儿子分别有六个姓，其中之一就是方姓。此外，满族、蒙古族、傣族、回族、土家族、朝鲜族、高山族等兄弟民族里都有方姓。

duì lián néng shǒu fāng dì shān
对联能手方地山

清朝末年，扬州有一个叫方地山的人，家里

很贫穷，母亲早早去世，是姐姐把他和弟弟抚养

长大。

方家兄弟二人学习都非常勤奋，也很有才华，

被誉为"两方"。13岁时，方地山就考中了秀才。

他特别擅长作对联，把一个人的名字报给他，他

挥笔一写，就能把名字嵌在上下联里，而且写得

精绝无比。

后来方地山经常在报纸上发表文章，他的才华被民国临时大总统袁世凯看中，于是就聘请他来做家庭教师，专门教导他的几个孩子。

yú xìng
俞 姓

yú xìng rén kǒu zhǔ yào fèn bù zài ān huī zhèjiāng jiāng sū děng dì
俞姓人口主要分布在安徽、浙江、江苏等地。

yú xìng de dì yī gè lái yuánhěn gǔ lǎo huángdì yǒu gè chén zǐ jiào yú fū shì gè yī shù
俞姓的第一个来源很古老。黄帝有个臣子叫俞柎，是个医术

gāochāo de yī shēng bèi yù wéi xìng lín zhī zǔ qí zǐ sūn hòu lái jiù yǐ yú wéi xìng dì
高超的医生，被誉为"杏林之祖"，其子孙后来就以俞为姓。第

èr chūn qiū de shí hou zhèngguó hé chǔ guógōng zú dāng zhōngdōu yǒu xìng yú de dì sān mǎn
二，春秋的时候，郑国和楚国公族当中都有姓俞的。第三，满

zú yí zú tǔ jiā zú huí zú cháo xiǎn zú dōu yǒu yú xìng qīng mǎn zhōu bā qí yǒu xìng ní
族、彝族、土家族、回族、朝鲜族都有俞姓。清满洲八旗有姓尼

mǎ hā de hòu lái jiù gǎi xìng le yú dì sì gè lái yuán shāngcháo de shí hou yǒu yí gè bù zú
玛哈的，后来就改姓了俞。第四个来源，商朝的时候有一个部族

jiào yú zú hòu dài jiù xìng yú
叫俞族，后代就姓俞。

高山流水觅知音
gāo shān liú shuǐ mì zhī yīn

俞伯牙从小酷爱音乐，为了寻找音乐的真谛，他曾经跑到很远的地方去学习，还一个人待在森林里、小溪边感悟。后来，他的音乐造诣变得非常高，弹出的曲子如流水一般美妙悦耳。很多人都赞美他，可他觉得这些人并没有真正懂他的音乐，算不上知音。

后来，俞伯牙被聘请为晋国的琴师，代表国君出使楚国，遇到一个叫钟子期的樵夫。听了俞伯牙的琴声，钟子期立刻就能领悟，二人很快结为好朋友。过了一段时间，俞伯牙要回国了，他和钟子期依依不舍，约定来年再见。可是等到俞伯牙再来的时候，钟子期已经病逝了。

在钟子期的坟墓前，俞伯牙一遍又一遍地弹着曲子，可惜知音已经消失，再也没人能够真正理解俞伯牙的音乐。于是，俞伯牙将自己的琴摔断，发誓再也不弹琴了。

任 姓
rén xìng

任姓是一个很古老的姓。第一个来源是黄帝。相传黄帝二十五子，得姓者十四人，有十二个姓，这里面就有任姓。第二个来源出自古姓"妊"，与女性妊娠有关，后来改成了"任"。第三个来源是出自风姓，太昊之后，山东济宁附近有个风姓之国，子孙后来多姓任。最后，就是改姓或其他民族采用汉姓而来的了。

任老先生的廉政哑剧
rén lǎo xiānsheng de lián zhèng yǎ jù

东汉时，甘肃天水有一个人，叫任棠。他虽然没有做官，但学问很大，名望很高，当地新上任的官员，都会第一时间来看望他。

有个叫庞参的官员，刚到天水来当太守，就去拜访任棠。到了任家，任棠既不迎接也不说话，只是把刚从地里拔出的一棵薤(一种野草)摆到桌子上，又在堂前放了一盆清水，然后就抱着小孙子跪在堂前，一动不动。

庞参的随从很生气，准备训斥任棠。庞参却拦住说："咱们走吧，任老先生这是在教导我们呢。摆一盆清水，是希望我们做清水一样的清官；拔一株薤，是希望我们能够铲除欺压百姓的豪强；他抱着孙子，长跪在堂前，是希望我们这些当官的要爱惜民力，要抚恤老弱幼小。"这就是典故"清如任棠水"的来源，还被写进了《后汉书·庞参传》。

袁姓

袁姓的第一个来源是出于姚姓，是舜之后。另一个来源是出自黄帝。因黄帝所在的部族善制作车辕，故又称轩辕氏。"袁"和"辕"的读音类似，其后裔便有以袁为姓的。第三是改姓。此外，古代兄弟民族当中有很多姓袁的，比如高车族、丁零族，这些民族后来都融入了汉族。

140

特殊的山西洪洞袁姓

明朝崇祯年间，天下动乱，人民的生活非常困苦。有个叫袁葵的人来到山西洪洞县当县令，当地正好在闹饥荒，灾民无数。袁葵不忍心那些可怜的孤儿活活饿死，就把自己微薄的工资拿出来收养他们。后来孤儿和被丢弃的儿童越来越多，袁葵一共收养了好几百个。

这些孩子非常敬爱袁葵，把他当作自己的亲生父亲一般看待，纷纷改姓袁。后来袁葵年龄大了，要回老家去。一些孩子被父母领回家，可他们依然坚持姓袁，不再改回原来的姓。还有一些孤儿被人领养，也继续姓袁。这一切都是为报答袁葵当年的救命之恩。

就这样，洪洞县一下子增加了好几百个袁姓，几百年下来，形成了一个规模庞大的袁姓家族。

柳姓

柳姓第一个来源，是出自姬姓。春秋时，鲁国有个叫展禽的

人，他的封邑在柳下，死后的谥号为"惠"，这正是"坐怀不

乱"的柳下惠，他的后世子孙便以柳为姓。第二，出自芈姓，

是楚怀王的孙子熊心之后。第三，改姓和兄弟民族当中的

柳姓。明朝末年的大名人柳敬亭、柳如是，其实原来都不姓

柳，都是改姓。

安康的来源

话说唐代有个秀才叫柳冕，他的学问不错，但

是忌讳多。比如要去考试，周围的人跟他说话，他

就给人家立规矩：不许说"乐""落"这样的词——因为这些词和"落第"读音相近，他听了会很不舒服。

他的仆人们很注意这一点，就把安乐的"乐"说成"康"。考试完毕后，柳冕心里有些紧张，就派仆人去看结果。回来以后，柳冕问："我中了吗？"那个仆人不敢说"落了"，就回答说："您康了。"这就是"安康"一词的最初来源。

第十六讲 酆鲍史唐

dì shí liù jiǎng fēng bào shǐ táng

酆 姓

fēng xìng

酆是一个非常罕见的姓氏，人口数不详。

酆姓人认为他们的血缘非常纯正，但是来源和出处谁也说不清楚。

神话人物酆去奢

shén huà rén wù fēng qù shē

历史上比较著名的酆姓人物，叫酆去奢，是道教传说中的一位著名人物，民间也有很多关

于他的神话传说。比如，经常有人看到酆去奢长时间坐在山里头的大石头上修道，既不见他吃东西，也不见他喝东西，一待竟然可以待好几年；天空要是打雷、下雨的时候，云龙、雷公、电母、神鬼这些神仙鬼怪，也会来找酆去奢玩等等。

bào xìng
鲍 姓

bào xìng yǒu yǐ xià jǐ gè lái yuán   dì yī   chū zì sì xìng   shì chūn qiū shí de xià yǔ
鲍姓有以下几个来源：第一，出自姒姓，是春秋时的夏禹

yì sūn jìng shū zhī hòu   yǐ yì míng wéi xìng   dì èr   chū zì fú xī shì   zài gǔ dài de
裔孙敬叔之后，以邑名为姓。第二，出自伏羲氏。在古代的

jì zǎi zhōng   fú xī shì jīng cháng xiě zuò   páo xī shì   cǐ wài   gǔ dài de yì xiē xiōng
记载中，伏羲氏经常写作"庖牺氏"。此外，古代的一些兄

dì mín zú   bǐ rú běi wèi xiào wén dì gǎi gé de shí hou   yě yǒu yì xiē rén gǎi xìng wéi
弟民族，比如北魏孝文帝改革的时候，也有一些人改姓为

bào   mǎn zú   jǐng pō zú   měng gǔ zú dōu yǒu bào xìng cún zài
鲍。满族、景颇族、蒙古族都有鲍姓存在。

bú wèi quán guì de   èr bào
不畏权贵的"二鲍"

dōng hàn guāng wǔ dì shí qī   yǒu yí gè jiào bào yǒng de rén dān rèn sī
东汉光武帝时期，有一个叫鲍永的人担任司

lì xiào wèi   tā wéi rén zhèng zhí   kàn dào bú duì de shì qing jiù yào guǎn yì
隶校尉，他为人正直，看到不对的事情就要管一

管，根本不在乎对方地位高低。有一次，皇帝的叔叔赵王坐着豪华的马车出城，由于车辆太多把城门给堵住了。赵王非常生气，就叫来了负责看管城门的门侯大声斥责，还让他跪在地上，磕头认罪。

尽管这件事和鲍永无关，但他知道后立即向皇帝写了一个报告。他认为门侯虽然身份低微，但担负的责任重大，是一个重要的岗位。赵王有错在先，仗着自己的权势藐视和欺压门侯，应该严加惩处。大家都觉得鲍永说的对，皇帝也表扬了他的行为，惩处了赵王。后来鲍永还提拔

le tóng yàng xìng gé gěng zhí bú wèi háo qiáng de bào huī wéi dū guǎn cóng shì

了同样性格耿直、不畏豪强的鲍恢为督管从事，

liǎng gè rén yì qǐ lái jiān dū guān yuán de bù fǎ xíng wéi

两个人一起来监督官员的不法行为。

èr bào bú wèi quán guì zhǐ kàn duì cuò lián huáng dì dōu ràng tā men

"二鲍"不畏权贵，只看对错，连皇帝都让他们

sān fēn dé dào le dà jiā de yí zhì chēng zàn zhè jiù shì diǎn gù èr bào

三分，得到了大家的一致称赞。这就是典故"二鲍

jiū tè de lái yuán

纠慝"的来源。

xìng shì lái yuán
姓氏来源

shǐ xìng
史 姓

shǐ xìng de dì yī gè lái yuán shì huáng dì shí qī chuàng zào wén zì de cāng jié zhī hòu

史姓的第一个来源是黄帝时期创造文字的仓颉之后。

cāng jié de hòu dài céng fēn chū lái hǎo jǐ gè xìng shì bǐ rú cāng xìng shǐ xìng hóu xìng

仓颉的后代曾分出来好几个姓氏，比如仓姓、史姓、侯姓

děng dì èr zhī chū zì xī zhōu chū nián de tài shǐ yǐn yì zhī hòu shǔ yú yǐ guān zhí chēng

等。第二支，出自西周初年的太史尹佚之后，属于以官职称

wèi wéi xìng dì sān suí táng de shí hou xī yù yǒu zhāo wǔ jiǔ xìng qí zhōng yǒu gè

谓为姓。第三，隋唐的时候，西域有"昭武九姓"，其中有个

shǐ guó ，史国人后来到了中原，逐渐融入汉族，就姓史了。

lìng wài ，改姓和其他兄弟民族当中也有史姓。

shǐ jiā yì mén jiǔ jìn shì
史家一门九进士

史姓人才众多，江苏溧阳县史氏祠堂里的一副对联就是代表。这副对联的上联是："祖孙父子，兄弟叔侄，四世翰苑蝉联，犹有舅甥翁婿。"

下联是："子午卯酉，辰戌丑未，八榜科名鼎盛，又逢己亥寅申。"

上联说的是，这家人不仅爷爷、爸爸、儿子、孙子四代人全是进士，就连舅舅、外甥、岳父、女婿都

是进士。下联则说的是这些人
中进士的年份——只要朝廷开
科考试，这个家族就有中进士的。这样的家族
实在是了不起。

姓氏来源

唐姓

唐姓主要出自伊祁姓和姬姓，是黄帝之后。相传尧帝
是黄帝的玄孙，姓伊祁，尧是他的谥号。他最初被封在陶，
后来又被封在唐，所以叫唐尧，后来他的子孙中就有姓唐
的。西周初年，周武王的次子叔虞被封在唐，后来改称晋
国，但唐叔虞的很多后人仍姓唐。另外，古代和今天的一些

shǎo shù mín zú yě yǒu táng xìng
少数民族也有唐姓。

tángxìngzǒng cí táng
唐姓总祠堂

xiàn zài zhōng guó hěn duō xìng de cí táng dōu méi yǒu le yóu qí shì
现在，中国很多姓的祠堂都没有了，尤其是

zǒng cí táng dàn shì táng xìng de zǒng cí táng hái zài zhè shì wèi shén me
总祠堂。但是，唐姓的总祠堂还在，这是为什么

ne yīn wèi tā suǒ zài de wèi zhì bǐ jiào tè shū zài tài yuán de
呢？因为它所在的位置比较特殊——在太原的

jìn cí
晋祠。

jìn cí zài běi wèi qián jiù yǐ kāi shǐ xiū jiàn zuì chū jiào táng shū yú
晋祠在北魏前就已开始修建，最初叫唐叔虞

cí shì wèi le jì niàn táng xìng de shǐ zǔ zhōu wǔ wáng de yòu zǐ táng shū
祠，是为了纪念唐姓的始祖、周武王的幼子唐叔

yú táng tài zōng lǐ shì mín céng dào jìn cí yóu lǎn tí xià le jìn cí zhè
虞。唐太宗李世民曾到晋祠游览，题下了晋祠这

个名字，并给晋祠写了一篇文章。

今天的晋祠不但是全国重点文物保护单位，还有国宝级的建筑群，里边的铁人像都是宋代的，还有中国第一座"高架桥"——鱼沼飞梁，非常有名。

fèi   xìng
费　姓

费姓第一个来源出自嬴姓，跟秦始皇家族同源。第二支，源于姬姓，春秋时期鲁国有一个贵族叫费序父。第三支也是出于姬姓，春秋时期，鲁懿公姬申的孙子姬无极封在了山东费县西北，时人称之费无极，后人便姓费。第四支，还是出于姬姓，是春秋时期鲁桓公之子季友之后，季友的封邑就在费。还有一支出于姒姓，是夏禹的后裔费昌、费仲之后。此外，还有一些兄弟民族改姓费。

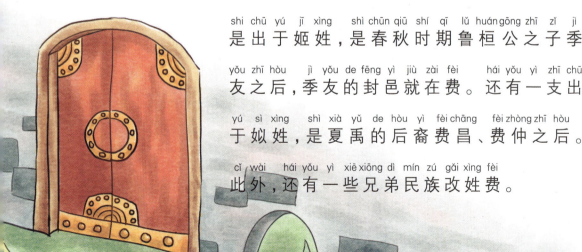

费信岛
fèi xìn dǎo

费姓不是大姓，但是名人极多，这里说一个大家比较陌生的。

大家都知道郑和是明朝伟大的航海家，曾率领庞大的船队七次下西洋，费信正是郑和的重要助手，他曾经四次陪同郑和下西洋，还留下了很多航海记录，并据此写成了一本书——《星槎胜览》，成为后世研究郑和下西洋极其重要的第一手资料。

在我国南沙群岛中，有一个岛礁名叫费信岛，

正是为了纪念费信这位我国古代著名的航海家和外交家。

姓氏来源

廉姓

廉姓是一个非常古老的多民族姓氏，它的第一个来源是嬴姓，是一支很正统的黄帝后裔。第二个来源，源于维吾尔族。元朝时维吾尔族人布鲁海牙曾改姓廉。第三个来源出自子姓，是商王朝后裔。第四，源于芈姓，是春秋初期楚国大夫斗廉的后裔。此外，还来源于其他兄弟民族。

zhì rén zhì yì yǒu lián fàn
至仁至义有廉范

东汉时期，有一个叫廉范的人，他年轻时曾拜一个叫薛汉的人为师，薛汉后来把他推荐给了当时的陇西太守邓融。邓融很赏识廉范的才华，就委任他做当地的功曹史。

然而没过多久，邓融因为被人举报而被调查，眼看着就要被撤职查办，并且可能还要被关进监狱。廉范知道后，立刻来向邓融辞职。邓融很生气，觉得廉范这个人太不地道了，可最后他还是同意了。

157

辞职后的廉范悄悄来到首都洛阳，更名改姓，去监狱里做了一个小小的狱卒。后来邓融果然被关进了监狱，廉范利用职务之便，悉心照顾邓融，让他少吃了不少苦。邓融被释放，廉范继续追随，一直侍奉到邓融去世。

廉范不靠花言巧语，而是用自己

de shí jì xíng dòng　bào dá dèng róng de　zhī yù zhī ēn　　bèi hòu rén chēng zàn
的实际行动，报答邓融的知遇之恩，被后人称赞

wéi rén yì de diǎn fàn
为仁义的典范。

cén　xìng
岑　姓

cén xìng de dì yī gè lái yuán　chū zì jī xìng　shì zhōu wǔ wáng de táng dì jī qú zhī
岑姓的第一个来源，出自姬姓，是周武王的堂弟姬渠之

hòu　yīn wèi tā fēn fēng de dì fang jiào cén　　dì èr gè lái yuán　shǔ yú gǔ dài xiōng dì
后，因为他分封的地方叫岑。第二个来源，属于古代兄弟

mín zú hàn huà hòu de gǎi xìng　　lìng wài　hái yǒu yì zhī cén shì chū zì zhuàng zú　yě shì
民族汉化后的改姓。另外，还有一支岑氏出自壮族，也是

cén xìng de zhòng yào lái yuán
岑姓的重要来源。

159

岑毓英和"地道战"

清朝末年，广西出了一个大官，名叫岑毓英，壮族人。岑毓英不仅官当得大，而且非常有本事。他很早就提出保卫台湾的三项对策，还在台湾大力兴修水利，造福当地老百姓。后来中法战争的时候，岑毓英是当时的最高指挥官，亲自指挥了宣光战役等，多次击败了法国侵略军。战争结束后，岑毓英还代表国家主持了中越边界的勘定。

岑毓英还是一个非常注重学习的人，在战争

中他根据当地的实际情况，摸索出一种非常实用的战法——"地营战法"，通俗的说法就是"地道战"。他的学生还根据他的实战经验，将这种战法整理成了一本书，即《地营图说》。

姓氏来源

薛姓

关于薛姓的来源，第一源于任姓，黄帝小儿子禺阳的十二世孙奚仲，称薛侯，后人便以薛为姓。第二源于妫姓，战国四公子之一的孟尝君曾被封在薛，他的后代就有姓薛的。第三，出自冒姓，例如武则天时期，有个叫冯小宝的人，后来改名叫薛怀义，他的子孙就都姓薛了。此外，匈奴

zú族、xiān bēi zú鲜卑族、tū jué zú突厥族、měng gǔ zú蒙古族、mǎn zú满族děng hǎo duō xiōng dì mín zú dōu yǒu等好多兄弟民族都有xìng xuē de姓薛的。

"十能"才女薛素素

明朝时期，有一位非常漂亮，同时又非常有才华的女子，名叫薛素素。她诗、书、画、琴、弈、箫、绣，样样精通，同时还有三项绝技——骑马、走绳索、射弹弓，被称为"十能"才女，是当时有名的女侠。

有一个叫李征蛮的将军非常爱慕薛素素，

最终两人结为夫妻。后来，李征蛮奉命领兵出战，恰好随身带了一幅薛素素打弹弓的画像。结果这个画像在当地的老百姓中广泛流传，他们将薛素素当成天上的仙女下凡，于是纷纷放弃抵抗投降了。

xìng shì lái yuán
姓氏来源

léi　xìng
雷 姓

léi xìng lì shǐ yōu jiǔ　lái yuán zhǔ yào yǒu　dì yī zhī　yuán yú jiāng xìng　shì yán dì
雷姓历史悠久，来源主要有：第一支，源于姜姓，是炎帝

de hòu yì　jiào fāng léi shì　dì èr zhī　yuán yú zǐ xìng　shǐ zǔ shì shāng zhòu wáng de chǒng
的后裔，叫方雷氏。第二支，源于子姓，始祖是商纣王的宠

chén léi kāi　dì sān zhī　yuán yú chūn qiū shí qī chǔ guó yí gè jiào　léi qiān　de bù luò shǒu
臣雷开。第三支，源于春秋时期楚国一个叫"雷迁"的部落首

lǐng　zuì hòu jiù shì lái yuán yú yì xiē xiōng dì mín zú le　bǐ rú gǔ dài de dī zú　dāng
领。最后就是来源于一些兄弟民族了，比如古代的氏族，当

dài de měng gǔ zú　mǎn zú děng
代的蒙古族、满族等。

léi xìng gù shì
雷姓故事

léi fēng de gù shì
雷锋的故事

léi fēng yuán míng léi zhèng xìng　chū shēng zài hú nán cháng shā fù jìn de
雷锋原名雷正兴，出生在湖南长沙附近的

一个贫苦农民家庭，6岁的时候他的爸爸、妈妈、哥哥都相继去世了，他成了一个孤儿，过着乞讨般的生活。后来长沙解放，雷锋迎来了新生活，不但可以吃饱穿暖，还能上学读书。

雷锋从小就乐于助人，不管是老师、同学有什么困难他都挺身而出，毫不计较个人的得失。雷锋还非常喜欢学习，是当地第一个学会开拖拉机的人。后来，雷锋成为了一名解放军战士，他助人为乐的事迹广为流传，还被当地群众选为人大代表。

hòu lái yīn wèi yí cì yì wài shì gù suì de léi fēng bú xìng xī
后来因为一次意外事故，22岁的雷锋不幸牺

shēng kě tā zhù rén wéi lè gān yú fèng xiàn de jīng shén què chuán biàn le zhōng
牲，可他助人为乐、甘于奉献的精神却传遍了中

huá dà dì
华大地。

hè xìng
贺 姓

zhōng guó de dà duō xìng shì dōu yuán yú běi fāng hè xìng què shì yuán yú nán fāng dōng hàn
中国的大多姓氏都源于北方，贺姓却是源于南方。东汉

yǒu gè rén jiào qìng yí tā yǒu gè zēng sūn jiào qìng chún hàn ān dì shí wèi le bì qīng hé wáng
有个人叫庆仪，他有个曾孙叫庆纯。汉安帝时为了避清河王

liú qìng de míng huì qìng chún gǎi míng wéi hè chún tā de hòu dài jiù yǐ hè wéi xìng xiàn zài
刘庆的名讳，庆纯改名为贺纯，他的后代就以贺为姓。现在

de hè xìng rén dà dōu yǐ hè chún wéi hè xìng shǐ zǔ
的贺姓人大都以贺纯为贺姓始祖。

chú cǐ zhī wài hè xìng yě yǒu xiōng dì mín zú de xuè tǒng bǐ rú gǔ dài xiān bēi zú yǒu hè
除此之外，贺姓也有兄弟民族的血统。比如古代鲜卑族有贺

lán shì hè lài shì hè lóu shì hè dūn shì zài běi wèi xiào wén dì hàn huà gǎi gé shí dōu gǎi
兰氏、贺赖氏、贺楼氏、贺敦氏，在北魏孝文帝汉化改革时，都改

wéi le hè xìng mǎn zú zuì gǔ lǎo de yí gè xìng shì hè shě lǐ hòu lái yě gǎi xìng le hè tǔ
为了贺姓；满族最古老的一个姓氏赫舍里，后来也改姓了贺；吐

谷浑部落里有贺尔加氏、贺尔基氏、苏贺氏、贺郳氏，后来也改姓为贺。吐谷浑就是今天土族的祖先，所以现在土族里边贺姓很多。

贺姓故事

贺长龄与《遵义府志》

古代的时候，各地都有地方志，专门用来记载地方大事。要问全中国哪个府的地方志修得最好，《遵义府志》恐怕是属第一的。这当中，贺长龄功不可没。

贵州这个地方山很多，号称"地无三尺平，天无三日晴"，自然条件相对较差。贺长龄到任后，通过严禁种植鸦片，大力兴修水利等措施，发展当地经济，造福百姓。他还非常重视当地的教育事业，创办了许多学堂。直到今天，贵州再偏远的地方都有学校，再偏远的地方都有考场，都是贺长龄那时打下的基础。

除了主持兴修《遵义府志》，贺长龄还委托魏源编了一本很重要的书——《皇朝经世文编》。该书共计120卷，内容不是教人怎么考试、做官，而是教大

jiā zěn me zhì shuǐ　zěn me shū sòng wù zī　zěn me jìn yā piàn děng shí yòng
家怎么治水、怎么输送物资、怎么禁鸦片等实用

de zhī shi　zhè zài dāng shí shì fēi cháng nán néng kě guì de
的知识。这在当时是非常难能可贵的。

倪 姓
ní　xìng

ní xìng de dì yī gè lái yuán shì cáo xìng　shì huáng dì de hòu yì zhū wǔ gōng zhī hòu
倪姓的第一个来源是曹姓，是黄帝的后裔邾武公之后。

dì èr gè lái yuán shì jī xìng　shǔ yú gǔ dài zhuān xū dì de hòu yì　dì sān shāng cháo yǒu
第二个来源是姬姓，属于古代颛顼帝的后裔。第三，商朝有

gè zhū hóu jiào ér bó　hòu dài zhú jiàn yǎn biàn chéng ní xìng le　lìng wài xiān bēi zú měng
个诸侯叫兒伯，后代逐渐演变成倪姓了。另外，鲜卑族、蒙

gǔ zú　mǎn zú děng xiōng dì mín zú yě yǒu ní xìng
古族、满族等兄弟民族也有倪姓。

倪瓒：史上洁癖第一人
ní zàn　shǐ shang jié pǐ dì yī rén

yuán cháo de shí hou　yǒu yí gè fēi cháng zhù míng de dà huà jiā　míng
元朝的时候，有一个非常著名的大画家，名

169

叫倪瓒。他的学问非常广博，擅长画山水、墨竹，跟黄公望、王蒙、吴镇并称"元四家"。当时的人们，都以能拥有倪瓒的一幅画而自豪。倪瓒的家里非常有钱，导致他的性格有些清高。

倪瓒非常讲究卫生，爱干净几乎到了匪夷所思的地步，堪称史上洁癖第一人。

倪瓒对上厕所这事看得很重，于是用香木建了一个很高的阁楼，作为厕所来用。他写字画画用的笔墨纸砚，有两

人专门负责随时擦洗。甚至院子里的树，他都要派人每天洗一遍，连每片叶子都要洗。

倪瓒的性格也很孤傲。有个大官的哥哥找他画画，他一点面子也不给，还把对方送来的丝绢给扯破了。后来在一次游玩的时候，倪瓒被那人的手下堵住打了一顿，可他一声也不吭。别人问他原因，他居然说："哎，一出声就显得俗不可耐了。"

姓氏来源

汤 姓

汤姓很古老，多渊源。第一支源于子姓，是商朝的建立者成汤之后。第二支也是源于子姓。西周初期有个亳国，国君叫汤子偃。第三支，出于荡姓。春秋时期，宋国有个荡姓家族，后来把草字头给去掉了。第四支源于风姓，是远古伏羲氏的儿子汤的后代。第五支还是源于子姓，是商纣王的庶兄微子启之后。第六，有两支源于官位的。秦朝时有一个官职叫汤官；南北朝时有一种爵位叫汤沐食侯，后来又分化为两个氏——汤氏、沐氏。此外，一些汤姓则源于改姓。

汤姓故事

铁画艺人汤天池

清朝初期，江苏有一个铁匠，名叫汤天池，是一个著名的铁画艺人。

小时候，汤天池的家里很穷，就跟着别人学打铁，后来成为了一名出色的铁匠。他还非常善于学习，喜欢钻研，空闲的时候就用打铁剩下来的边角料，制作一些灯笼之类的小玩意。因为心灵手巧，汤天池制作的作品受到很多人的欢迎，被称为铁画。后来他的铁画制作技艺更加纯熟，作品得到了很多名人的称赞，名噪一时。现代越剧《汤天池》就是用来纪念他的。

第十九讲 滕殷罗毕

滕 姓
téng xìng

téng xìng fēi cháng gǔ lǎo yuán liú yī shì chū zì jī xìng huáng dì zhī hòu huáng dì de èr

滕姓非常古老，源流一是出自姬姓，黄帝之后。黄帝的二

shí wǔ gè ér zi cì le shí èr gè xìng qí zhōng dì liù gè biàn shì téng xìng yuán liú èr

十五个儿子，赐了十二个姓，其中第六个便是滕姓。源流二，

yě shì chū yú jī xìng shì zhōu wén wáng de hòu dài cǐ wài jiù shì yuán yú gè gè xiōng dì

也是出于姬姓，是周文王的后代。此外，就是源于各个兄弟

mín zú le bǐ rú xiān bēi zú měng gǔ zú mǎn zú dōu yǒu yǐ téng zuò wéi hàn xìng de

民族了，比如鲜卑族、蒙古族、满族，都有以滕作为汉姓的。

滕子京重修岳阳楼
téng zǐ jīng chóng xiū yuè yáng lóu

běi sòng shí qī yǒu gè jiào téng zǐ jīng de dú shū rén cái huá héng yì

北宋时期，有个叫滕子京的读书人，才华横溢，

年纪轻轻就考中了进士。滕子京当官后很清廉，很受老百姓的欢迎。但他有个致命的缺点，就是做事不够严谨。有一次，他因为一件小事被人告发，被贬职到了岳阳这个地方。

到任后，滕子京没有丝毫的气馁和灰心，很快就把岳阳治理得井井有条。当时岳阳城里欠债现象非常严重，滕子京就下了一道命令，要求欠债者赶快还钱，要不然就会受到法律的惩处。那些负债的人一看官府出面，纷纷主动归还了债务。债主们拿到钱后也很高兴，滕子京就提出来要重修岳阳楼，大家都很支持，纷纷捐款。就这样，岳阳楼重修了起来。

楼修好后，滕子京还邀请自己的好朋友范仲淹，写出了著名的文章《岳阳楼记》，使得岳阳楼更加出名。

殷姓

殷姓的第一个来源是子姓，是帝喾之子殷契之后。商朝的建立者商汤就姓殷，意思是中央正统，所以商朝又称殷商。第二源于地名，河南颍川境内有条河叫殷水，这条河周围的人就都姓殷。第三，源于子姓。西周初期，有个部落叫北殷氏，与殷商的始祖还有些血缘关系。此外，还有好多是兄弟民族改姓殷的，比如满族、彝族、回族、瑶族、土家族、侗族、佤族、苗族等等。

咄咄怪事

东晋的时候，有一个叫殷浩的人，非常喜欢读《老子》和《易经》，对这两本书非常精通，在当时是个大名人。

后来朝廷需要人才，有人就推荐了殷浩，他被任命为建武将军，管理着五个州的军事。然而，殷浩的名气主要通过高谈阔论得来，上任后面对各种复杂的实际问题，他立刻傻了眼，根本不知道怎么办。而且他的性格还有些古怪，做事自由散漫，想到哪儿做到哪儿，今天干这个，明天马上就要干那个。

有一次，他突然决定要出兵北伐，收复东晋丢失的土地，结果大败而归，被朝廷撤职。他还不服气，不断地告状，经常拿着毛笔在空中写着"咄咄怪事"四个字。

这就是"咄咄怪事"这个典故的来历。

罗 姓
luó xìng

luó xìng dì yī zhī lái zì yú yún xìng shì zhuān xū dì de sūn zi zhù róng de hòu yì
罗姓第一支来自于妘姓，是颛顼帝的孙子祝融的后裔。

dì èr yuán yú guān wèi xī zhōu chū qī yǒu gè guān zhí jiào luó shì zhè zhǒng guān de
第二，源于官位。西周初期，有个官职叫"罗氏"，这种官的

zǐ sūn hòu lái jiù xìng luó hái yǒu jiù shì yuán yú qí tā mín zú de gǎi xìng
子孙后来就姓罗。还有就是源于其他民族的改姓。

好鹤而亡
hào hè ér wáng

chūn qiū shí qī yǒu yí gè jiào wèi de guó jiā guó jūn wèi yì gōng fēi
春秋时期，有一个叫卫的国家，国君卫懿公非

cháng xǐ huan xiān hè dāng shí fù zé zhuā niǎo yǎng niǎo de guān zhí jī běn
常喜欢仙鹤。当时负责抓鸟、养鸟的官职，基本

shang dōu yóu luó shì zú rén lái dān rèn wèi le wán chéng guó jūn de mìng lìng
上都由罗氏族人来担任。为了完成国君的命令，

luó shì zú rén sì chù bēn bō zhuā lái bù shǎo xiān hè hái jiàn lì le yí
罗氏族人四处奔波，抓来不少仙鹤，还建立了一

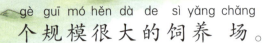

个规模很大的饲养场。

卫懿公很高兴，整天和那些仙鹤们在一起。他还把仙鹤分品级：上等的仙鹤享受相当于大夫的"俸禄"（鹤粮）；次一点的相当于士，总之都有等级。每次外出，卫懿公一定要带上一只仙鹤，称它为"鹤将军"。

后来，北方一个部落看到卫懿公如此荒唐，就发兵攻打卫国。卫懿公想让老百姓起来抵抗，可大家都不愿意，还讽刺他说："你那么喜欢鹤，派鹤去打不就完了吗？"最终，卫国虽然保住了，可卫

yì gōng běn rén què sǐ yú zhè cháng zhàn zhēng
懿公本人却死于这场战争。

毕 姓
bì xìng

bì shì de yuán liú　dì yī chū zì yú jī xìng　shì zhōu wén wáng dì shí wǔ gè ér zi jī
毕氏的源流，第一出自于姬姓，是周文王第十五个儿子姬

gāo zhī hòu　jī gāo céng bèi fēng zài bì zhè ge dì fang　jiàn lì le bì guó　hòu dài jiù xìng bì
高之后。姬高曾被封在毕这个地方，建立了毕国，后代就姓毕

le　dì èr　yě shì chū yú jī xìng　shì huáng dì de xiǎo ér zi yú yáng zhī hòu　shì rén xìng
了。第二，也是出于姬姓，是黄帝的小儿子禹阳之后，是任姓

suǒ gǎi　cǐ wài　jiù shì qí tā xiōng dì mín zú de gǎi xìng　bǐ rú xiōng nú zú　tū jué
所改。此外，就是其他兄弟民族的改姓，比如匈奴族、突厥

zú měng gǔ zú mǎn zú　yí zú　tǔ jiā zú miáo zú　è wēn kè zú dōu yǒu bì xìng
族、蒙古族、满族、彝族、土家族、苗族、鄂温克族都有毕姓。

毕 昇 与 活 字 印 刷 术
bì shēng yǔ huó zì yìn shuā shù

gǔ dài yìn shuā shū jí shì fēi cháng kùn nan de　wén zhāng xiě hǎo
古代印刷书籍是非常困难的。文章写好

后，先要找一块质地坚硬的木板，将字一个一个地刻上去，然后才能拓印。如果一个字刻错了，整版都要废掉。

宋朝的时候，有一个叫毕昇的人。他非常聪明，有一次他看到两个小孩子在玩过家家，用泥巴捏了一些小猫小狗之类的小动物。

毕昇脑筋一转，想到了一个改进印刷的好办法。

回到家后，他先用胶泥刻了

一些字；然后把这些字用火烧硬，再弄一个铁制的字盘，底部铺着一层用松香、蜡、纸灰做成的药剂；排版的时候，只要按书籍内容把字逐个排列好，再用一块板压平，就可以直接印刷了。这就是活字印刷术。

后来，毕昇发明的这种活字印刷术传到了朝鲜、日本等地，再后来又传到欧洲，进而传遍了全世界，为人类文明做出了巨大贡献。

hǎo xìng
郝 姓

hǎo xìng de dì yī gè lái yuán chū yú jiāngxìng yán dì shén nóng shì yǒu gè dà chén jiào hǎo
郝姓的第一个来源，出于姜姓。炎帝神农氏有个大臣叫郝

gǔ shì běn shì fù xìng hòu lái jiǎn huàchéngdān xìng hǎo dì èr gè lái yuán yuán yú zǐ xìng
骨氏，本是复姓，后来简化成单姓郝。第二个来源，源于子姓，

jù shuō shì yīn shāng dì wáng hòu yì yǐ jué wéi xìng dì sān gè lái yuán shì gǔ dài qí tā mín
据说是殷商帝王后裔，以爵为姓。第三个来源是古代其他民

zú róng rù hàn zú bǐ rú gǔ dài de dǎng xiàng zú xiān bēi zú xiōng nú zú děng cǐ wài hái
族融入汉族，比如古代的党项族、鲜卑族、匈奴族等。此外还

yǒu xiōng dì mín zú de gǎi xìng bǐ rú mǎn zú tǔ jiā zú huí zú měng gǔ zú dōu yǒu gǎi
有兄弟民族的改姓，比如满族、土家族、回族、蒙古族，都有改

xìng hǎo de
姓郝的。

难住诸葛亮的郝将军

在中国的民间传说中，能跟诸葛亮较劲的人不多，能让诸葛亮拿他没办法的人就更不多了，但是有个人恰恰就做到了。这个人就是郝昭。

郝昭是魏国的一个将军，身材魁梧，胳膊很长，力气很大，射箭的本领非常高。同时，他还精通兵法，很有谋略，所以被魏国派去镇守陈仓这个重要的地方。后来诸葛亮北伐，一路上都很顺利，到了陈仓却被挡住了。起先，诸葛亮派

大将魏延去攻打，没有成
功，气得他差点杀了魏延。

后来，诸葛亮亲自出马，还是失败了，最终只好

撤兵。郝昭因此立了大功，被封为爵列侯。

邬姓

邬姓是一个相当典型的汉族姓氏，大致有这样几个来

源：第一，出自于妘姓，是颛顼帝的后裔陆终第四子妘求言的

后代。第二，源于祁姓，出自春秋时期的晋国人邬臧。第三，

源于姬姓。晋顷公曾将邬邑赐给自己的部下司马弥牟，其后

人就有姓邬的。

怀素与邬彤

huái sù yǔ wū tóng

唐朝的时候有一个叫邬彤的人，字写得特别好，尤其是草书，龙飞凤舞，非常了得。他的老师是鼎鼎大名的书法家张旭，他的表弟同样很出名，正是有"草圣"之称的怀素和尚。

据史书记载，邬彤曾和怀素在一起讨论草书，他精辟的论述，让怀素自叹不如。于是，怀素便虚心地拜邬彤为师，向他这位表兄学习书法艺术。

安 姓
ān xìng

安姓的第一个来源是古代安息国太子安清之后。东汉时期，安清太子将王位让给了自己的叔叔，来到洛阳潜心研究佛教，其后人就成了安姓的一支。来源二，出自西域"昭武九姓"中的安国。此外，满族、回族、蒙古族、达斡尔族、锡伯族也有安姓。

ān xìng gù shì
安姓故事

安禄山叛唐
ān lù shān pàn táng

唐朝时期，安姓的名人非常多，安禄山就是其

中一个。安禄山本来姓康，后来因为母亲改嫁，

才随继父姓安。他这个人从小就桀骜不驯，参加

军队成为一名士兵后，作战非常勇猛，得到了

上司的赏识和提拔。

安禄山体型很胖，自己穿衣服都有些困难，常

常需要别人帮忙，但他的脑子很灵活，通

过不断贿赂巴结上级，最终当上

了节度使这样的大官，还拜比自己

年轻很多的杨贵妃为干娘。后来，他看到唐王朝

内部腐败空虚，就趁机叛变。他的军队还曾经有一

段时间，占领了唐朝的首都长安城。但后来，安禄

山被自己的儿子杀死，叛乱的军队也被平定了。

常 姓

常姓来源，第一支出自姬姓。周武王的弟弟康叔有一个儿

子曾被封在常这个地方，这就是山东常氏的来源。第二支，

还是源于姬姓，是黄帝的大臣常仪和大司空常先之后，叫河南

常氏。第三支，仍是出于姬姓，春秋时期吴国君主曾把子孙封

在常这个地方，后来被称为江苏常氏。第四，源于芈姓，是楚

国公族恒思公之后，到了北宋时改姓常。此外，中国历代都有"常侍"这个官职，这些人的子孙很多改姓常了。

知足者，常乐也

古代有一个穷书生，名叫常乐，家境贫寒，平时靠卖点字画谋生。有一年冬天，天气很冷，常乐一整天一张画也没有卖出去，又饿又冷，冻得直哆嗦。在回家的路上，他看到一个桥洞边上居然有一堆燃烧完了的柴火，就赶紧跑过去。火虽然熄灭了，但残留的灰还有一些温度和热气。常乐终于觉得暖和了一些，随口就说："知足了，知足了，有点热气就知足了。"不料正好有一个官员骑马从桥上经过，听到这话后就把常乐叫了过去。

官员问了好几个问题，常乐答得都不错，于是就聘请常乐做家庭教师，专门教导自己的子女。官员

问：“教育我的子女，一年需要多少工资？”常乐回

答说：“只要能吃饱饭穿暖衣，我就知足了。”官员

忍不住赞叹道：“知足者，常乐也！”